mathbu.ch

Arbeitsheft 7

Walter Affolter

Guido Beerli

Hanspeter Hurschler

Beat Jaggi

Werner Jundt

Rita Krummenacher

Annegret Nydegger

Beat Wälti

Gregor Wieland

Schulverlag plus AG, Bern

Klett und Balmer Verlag, Zug

Liebe Schülerin, lieber Schüler

Der math-circuit besteht, wie ein Circuittraining im Sport, aus verschiedenen Posten. Im Sport trainiert man bestimmte Fertigkeiten. Im math-circuit trainierst du die wichtigsten Fertigkeiten des Kopfrechnens. Die zehn verschiedenen Posten sind in drei Bereiche aufgeteilt:

Masseinheiten

1   Einfache Umrechnungen von Grössen (ab LU 1)
2   Schwierigere Umrechnungen von Grössen (ab LU 1)
3   Umrechnungen von Zeiten (ab LU 2)
4   Umrechnungen von Flächen und Volumen (ab LU 12)

Zahlen

5   Quadrat- und Kubikzahlen (ab LU 17)
6   Die vier Grundoperationen (ab LU 3)
7   Von – nach (ab LU 4)
8   Bruchteile von … (ab LU 20)
9   Bruch – Dezimalbruch – Prozent (ab LU 20)

Algebra

10   Gleichung – Tabelle – Text – Situation (ab LU 15)

Die Übungen kannst du beliebig in dein Übungsprogramm einbauen und mit weiteren ähnlichen Aufgaben ausbauen. Die Reihenfolge der einzelnen Aufgaben ist nicht entscheidend. Du kannst auf viele verschiedene Arten üben. Alle Übungen sind so aufgebaut, dass du deine Fertigkeiten sofort kontrollieren kannst.

In den folgenden Schuljahren wirst du in den Arbeitsheften des mathbu.ch 8 und 9 weitere Übungen zum math-circuit finden.
Alle Übungen zusammen umfassen die wichtigsten Kopfrechenfertigkeiten der Volksschule.
Lege die Übungen des 7. Schuljahres in einen Schnellhefter, so dass du sie auch im 8. und 9. Schuljahr zur Hand hast und mit den Übungen des math-circuit 8 und 9 ergänzen kannst.

Protokolliere dein Training. Hast du eine Übung bearbeitet, trägst du das Datum auf dem Übungsblatt ein und notierst, wie sicher du die Übung gelöst hast.

Die Punktzahl beschreibt deine Sicherheit:
4   Ich musste Hilfe holen.
3   Ich musste lange nachdenken.
2   Ich konnte die Aufgaben im Kopf lösen, hatte aber noch einige falsch gelöst.
1   Ich konnte die Aufgaben schnell und richtig lösen.

Datum	Sicherheit

Übungen herstellen

Tabellen herstellen

Du stellst dir eine Übung für eine Fertigkeit zusammen, die du noch nicht so gut beherrschst. Das kann eine der 10 Übungen aus dem math-circuit sein. Skizziere auf Notizpapier eine leere Tabelle. Trage in die eine Spalte Aufgaben ein. Deine Lernpartnerin macht zur gleichen Fertigkeit auch eine solche Tabelle. Tauscht die Tabellen aus, tragt die Ergebnisse ein. Tauscht wieder aus und kontrolliert euch gegenseitig.

Kärtchen herstellen

Gibt es Übungen, die du noch intensiver trainieren solltest? Lege in diesem Fall eine Kartei mit solchen Übungen an. Du brauchst dazu Karten im Postkartenformat oder kleiner.

Vor- und Rückseite

Für jede Aufgabe brauchst du ein Kärtchen. Auf die eine Kärtchenseite schreibst du die Rechnung, auf die andere das entsprechende Ergebnis. Lass die Kärtchen von einer Kollegin oder einem Kollegen kontrollieren.

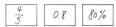

Mehrere Kärtchen

Für jede Aufgabe brauchst du mehrere Kärtchen. Auf ein Kärtchen schreibst du die Aufgabe. Auf die andern schreibst du mögliche Lösungen oder Zwischenschritte. Notiere die Aufgaben, die Zwischenschritte und die Lösungen auf einem Blatt Papier.

Übungen durchführen

Mit Tabellen arbeiten

Einzelarbeit

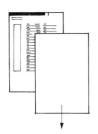

- Du nennst der Reihe nach die Ergebnisse der Aufgaben. Du kannst die eine Seite der Tabelle abdecken. Ziehe die Abdeckung schrittweise nach unten oder nach oben und kontrolliere sofort.
- Du schreibst zuerst alle Ergebnisse auf, anschliessend nimmst du die Abdeckung weg und kontrollierst.

Partnerarbeit

- Du nennst der Reihe nach die Ergebnisse, dein Partner oder deine Partnerin überprüft sofort.
- Du und deine Lernpartnerin schreiben die Ergebnisse einer Übung auf. Anschliessend tauscht ihr aus. Zuerst kontrolliert ihr die Ergebnisse gegenseitig, ohne die Abdeckung zu heben.
- Dein Lernpartner fragt dich in beliebiger Reihenfolge ab. Gleichzeitig deckt er die entsprechende Spalte zu und rechnet mit. Anschliessend deckt er auf und überprüft.

Mit Kärtchen arbeiten

Einzelarbeit

- Mische die Kärtchen. Lege sie auf einen Stapel mit der Rechnung oben. Übe, indem du die Rechnung liest, das Ergebnis berechnest und mit der Rückseite vergleichst.
  Aufgaben, die du ohne Probleme lösen kannst, legst du weg. Aufgaben, bei welchen du länger überlegen musst, legst du wieder unter den Stapel.
- Mische die Kärtchen. Lege anschliessend die Kärtchen zusammen, die zusammenpassen. Kontrolliere mit dem Lösungsblatt.

Partnerarbeit

Die Arbeit mit Kärtchen kann auch gemeinsam mit einer Lernpartnerin oder einem Lernpartner durchgeführt werden, indem ihr euch gegenseitig kontrolliert.

Im Bereich «Grössen und Masseinheiten» trainieren.

Einfache Umrechnungen von Grössen (ab LU 1)

Diese Übung kann man mit Kärtchen oder mit Tabellen durchführen.

1 m =	cm		100 cm =	m

Datum	Sicherheit

1 m	=	cm	100 cm	=	m
10 cl	=	ml	100 ml	=	cl
1 µm	=	m	0.000 001 m	=	µm
10 t	=	kg	10 000 kg	=	t
1 µm	=	mm	0.001 mm	=	µm
10 cm	=	m	0.1 m	=	cm
1 µg	=	mg	0.001 mg	=	µg
1 mm	=	m	0. 001 m	=	mm
1 cl	=	l	0.01 l	=	cl
1 kg	=	t	0.001 t	=	kg
1 dl	=	l	0.1 l	=	dl
1 hl	=	l	100 l	=	hl
100 kg	=	t	0.1 t	=	kg
1 l	=	ml	1 000 ml	=	l
10 g	=	mg	10 000 mg	=	g
1 cm	=	mm	10 mm	=	cm
10 l	=	cl	1 000 cl	=	l
1 g	=	kg	0.001 kg	=	g
10 km	=	m	10 000 m	=	km
1 m	=	km	0.001 km	=	m

Im Bereich «Grössen und Masseinheiten» trainieren.

Schwierigere Umrechnungen von Grössen (ab LU 1)

Diese Übung kann man mit Kärtchen oder mit Tabellen durchführen.

Wenn ein Bruchstrich steht (—), ist das Ergebnis als Bruch anzugeben, sonst als Dezimalbruch.

0.04 l =		cl	4 cl =		l

Datum	Sicherheit

0.04 l	=	cl	4 cl	=	l
400 m	=	km	0.4 km	=	m
1.4 t	=	kg	1 400 kg	=	t
$\frac{1}{4}$ kg	=	g	250 g	=	— kg
20 ml	=	cl	2 cl	=	ml
400 µm	=	mm	0.4 mm	=	µm
0.02 km	=	m	20 m	=	km
$\frac{3}{4}$ l	=	dl	7.5 dl	=	— l
0.08 m	=	cm	8 cm	=	m
180 kg	=	t	0.18 t	=	kg
12 dl	=	l	1.2 l	=	dl
0.03 cm	=	mm	0.3 mm	=	cm
1.25 m	=	mm	1 250 mm	=	m
15 µg	=	g	0.000 015 g	=	µg
$\frac{3}{8}$ t	=	kg	375 kg	=	— t
17 m	=	km	0.017 km	=	m
3.5 hl	=	l	350 l	=	hl
25 ml	=	l	0.025 l	=	ml
2 850 m	=	km	2.850 km	=	m
$\frac{1}{2}$ kg	=	g	500 g	=	— kg

Im Bereich «Grössen und Masseinheiten» trainieren.

Umrechnungen von Zeiten (ab LU 2)

Diese Übung kann man mit Kärtchen oder mit Tabellen durchführen.

Wenn ein Bruchstrich steht (—), ist das Ergebnis als Bruch anzugeben, sonst als Dezimalbruch.

30 min =		h	0.5 h oder $\frac{1}{2}$ h =		min

Datum	Sicherheit

30 min	=		h	0.5 h oder $\frac{1}{2}$ h	=		min
1.5 min	=		s	90 s	=		min
3 d	=		h	72 h	=		d
$\frac{1}{4}$ h	=		min	15 min	=	—	h
75 min	=		h	1.25 h oder $\frac{5}{4}$ h oder $1\frac{1}{4}$ h =			min
3.5 h	=		min	210 min	=		h
1.5 d	=		h	36 h	=		d
0.1 h	=		min	6 min	=		h
$\frac{1}{2}$ d	=		h	12 h	=	—	d
50 s	=	—	min	$\frac{5}{6}$ min	=		s
12 min	=		h	0.2 h	=		min
240 s	=		min	4 min	=		s
1 h	=		s	3 600 s	=		h
$1\frac{3}{4}$ h = $\frac{7}{4}$ h	=		min	105 min	=	—	h
2.5 min	=		s	150 s	=		min
10 min	=	—	h	$\frac{1}{6}$ h	=		min
120 h	=		d	5 d	=		h
45 s	=		min	0.75 min	=		s
4 d	=		h	96 h	=		d
5 min	=		s	300 s	=		min

Im Bereich «Grössen und Masseinheiten» trainieren.

Umrechnungen von Flächen und Volumen (ab LU 12)

Diese Übung kann man mit Kärtchen oder mit Tabellen durchführen.

0.1 m² =		dm²	10 dm² =		m²

Datum	Sicherheit

0.1 m²	=	dm²	10 dm²	=	m²
1 a	=	m²	100 m²	=	a
2.5 ha	=	a	250 a	=	ha
1 ha	=	m²	10 000 m²	=	ha
0.8 m²	=	cm²	8 000 cm²	=	m²
100 m²	=	ha	0.01 ha	=	m²
1 km²	=	m²	1 000 000 m²	=	km²
3.5 a	=	ha	0.035 ha	=	a
0.5 cm²	=	mm²	50 mm²	=	cm²
1 m³	=	dm³	1 000 dm³	=	m³
100 dm³	=	m³	0.1 m³	=	dm³
0.01 m³	=	dm³	10 dm³	=	m³
250 dm³	=	m³	0.25 m³	=	dm³
1 mm³	=	ml	0.001 ml	=	mm³
1 l	=	m³	0.001 m³	=	l
1 cm³	=	l	0.001 l	=	cm³
1 ml	=	cm³	1 cm³	=	ml
240 m³	=	l	240 000 l	=	m³
0.25 l	=	cm³	250 cm³	=	l
14 l	=	m³	0.014 m³	=	l

Im Bereich «Natürliche Zahlen und Dezimalbrüche» trainieren.

Quadrat- und Kubikzahlen (ab LU 17)

Diese Übung kann man mit Kärtchen oder mit Tabellen durchführen.

$2^2 =$	4

Datum	Sicherheit

2^2	=	4
50^2	=	2 500
3^3	=	27
12^2	=	144
0.2^3	=	0.008
0.8^2	=	0.64
1.5^2	=	2.25
20^3	=	8 000
2.5^2	=	6.25
18^2	=	324
13^2	=	169
0.1^3	=	0.001
1.2^2	=	1.44
60^2	=	3 600
500^2	=	250 000
30^3	=	27 000
0.01^2	=	0.000 1
0.5^2	=	0.25
5^3	=	125
0.2^2	=	0.04

Im Bereich «Natürliche
Zahlen und Dezimalbrüche»
trainieren.

Die vier Grundoperationen (ab LU 3)

Diese Übung kann man mit Kärtchen oder mit Tabellen durchführen.

$7 \cdot 8 =$	56

Datum	Sicherheit

$7 \cdot 8$	=	56
$810 : 90$	=	9
$1.4 : 7$	=	0.2
$1.2 + 0.9$	=	2.1
$2\,000 - 15$	=	1 985
$50 \cdot 0.7$	=	35
$1.2 : 60$	=	0.02
$6\,000 - 300$	=	5 700
$0.2 : 5$	=	0.04
$20\,000 + 40$	=	20 040
$40 \cdot 60$	=	2 400
$15 \cdot 1.2$	=	18
$4\,000 : 80$	=	50
$60 : 120$	=	0.5
$2 : 8$	=	0.25
$1.3 \cdot 3$	=	3.9
$30\,000 - 2$	=	29 998
$72\,000 : 90$	=	800
$15 \cdot 0.2$	=	3
$1.2 + 3.05$	=	4.25

Im Bereich «Natürliche Zahlen und Dezimalbrüche» trainieren.

Von – nach (ab LU 4)

Diese Übung ist nützlich für Berechnungen zur Proportionalität. Man kann sie am besten mit mehreren Kärtchen durchführen. Es sind jeweils mehrere Lösungen möglich.
Auf den Zahlenkärtchen stehen die zum Rechenweg gehörenden Zwischenergebnisse.

Beispiel

Datum	Sicherheit

von 30 nach 40

: 3 → □ · 4 → | 10 | → · 4 → □ : 3 → | 120 |

: 6 → □ · 8 → | 5 | → · … → □ : … → | … |

von 50 nach 35

: 10 → □ · 7 → | 5 | → · 7 → □ : 10 → | 350 |

: 5 → □ · 3.5 → | 10 | → · 3.5 → □ : 5 → | 175 |

von 3.2 nach 4.8

: 2 → □ · 3 → | 1.6 | → · 3 → □ : 2 → | 9.6 |

: 4 → □ · 6 → | 0.8 | → · 6 → □ : 4 → | 19.2 |

von 2.5 nach 1.5

: 5 → □ · 3 → | 0.5 | → · 3 → □ : 5 → | 7.5 |

: 25 → □ · 15 → | 0.1 | → · 6 → □ : 10 → | 15 |

von 32 nach 8

: 4 → □ · 1 → | 8 | → : 32 → □ · 8 → | 1 |

von 120 nach 360

: 2 → □ · 6 → | 60 | → · 3 → □ : 1 → | 360 |

von 7.2 nach 6

: 6 → □ · 5 → | 1.2 | → · 5 → □ : 6 → | 36 |

: 12 → □ · 10 → | 0.6 | → · 10 → □ : 12 → | 72 |

Im Bereich «Natürliche Zahlen, Brüche und Dezimalbrüche» trainieren.

Bruchteile von ... (ab LU 20)

Diese Übung kann man mit Kärtchen oder mit Tabellen durchführen.

$\frac{1}{8}$ von 400	50

Datum	Sicherheit

$\frac{1}{8}$ von 400	=	50
$\frac{2}{5}$ von 250	=	100
$\frac{1}{4}$ von 6	=	1.5
$\frac{1}{20}$ von 1 600	=	80
$\frac{1}{9}$ von 270	=	30
$\frac{3}{4}$ von 360	=	270
$\frac{3}{8}$ von 640	=	240
$\frac{1}{3}$ von 1.5	=	0.5
$\frac{1}{2}$ von 3.8	=	1.9
$\frac{1}{12}$ von 360	=	30
$\frac{5}{8}$ von 400	=	250
$\frac{1}{5}$ von 250	=	50
$\frac{4}{5}$ von 500	=	400
$\frac{2}{3}$ von 3.6	=	2.4
$\frac{1}{5}$ von 0.2	=	0.04
$\frac{1}{8}$ von 1 000	=	125
$\frac{1}{4}$ von 0.24	=	0.06
$\frac{5}{6}$ von 180	=	150
$\frac{1}{6}$ von 420	=	70
$\frac{1}{2}$ von 0.05	=	0.025

Im Bereich «Gebrochene Zahlen» trainieren.

Bruch – Dezimalbruch – Prozent (ab LU 20)

Diese Übung kann man mit Kärtchen oder mit Tabellen durchführen und zwei der drei Spalten abdecken.

$\frac{4}{5}$	0.8	80 %

Datum	Sicherheit

Bruch	Dezimalbruch	Prozent
$\frac{4}{5}$	0.8	80 %
$\frac{1}{8}$	0.125	12.5 %
$\frac{3}{10}$	0.3	30 %
$\frac{1}{2}$	0.5	50 %
$\frac{5}{6}$	$0.8\overline{3}$	~ 83 %
$\frac{5}{2}$	2.5	250 %
$\frac{2}{3}$	$0.\overline{6}$	~ 67 %
$\frac{3}{100}$	0.03	3 %
$\frac{1}{25}$	0.04	4 %
$\frac{2}{5}$	0.4	40 %
$\frac{1}{50}$	0.02	2 %
$\frac{1}{5}$	0.2	20 %
$\frac{1}{3}$	$0.\overline{3}$	~ 33 %
$\frac{3}{8}$	0.375	37.5 %
$\frac{5}{4}$	1.25	125 %
$\frac{3}{5}$	0.6	60 %
$\frac{7}{8}$	0.875	87.5 %
$\frac{1}{10}$	0.1	10 %
$\frac{3}{4}$	0.75	75 %
$\frac{5}{8}$	0.625	62.5 %

Im Bereich «Algebra»
trainieren.

Gleichung – Tabelle – Text – Situation (ab LU 15)

Diese Übung kann man am besten mit Kärtchen durchführen.

☐ Anzahl in heller Schachtel = h   ■ Anzahl in dunkler Schachtel = d

☐ ■ = IIII

In einer hellen und in einer dunklen Schachtel zusammen liegen 4 Hölzchen.

h + d = 4

h	0	1	2	3	4
d	4	3	2	1	0

Datum	Sicherheit

Gleichung		Tabelle	Text
☐ ■ = IIII	h + d = 4	h: 0 1 2 3 4 / d: 4 3 2 1 0	In einer hellen und in einer dunklen Schachtel zusammen liegen 4 Hölzchen.
■ IIII = ☐	d + 4 = h	h: 4 5 6 7 8 / d: 0 1 2 3 4	In der dunklen Schachtel liegen 4 Hölzchen weniger als in der hellen Schachtel.
☐ ☐ = ■	2h = d	h: 0 1 2 3 4 / d: 0 2 4 6 8	In einer hellen Schachtel liegen halb so viele Hölzchen wie in einer dunklen Schachtel.
☐ IIII = ■	h + 4 = d	h: 0 1 2 3 4 / d: 4 5 6 7 8	In einer hellen Schachtel liegen 4 Hölzchen weniger als in einer dunklen Schachtel.
☐ = ■ ■	h = 2d	h: 0 2 4 6 8 / d: 0 1 2 3 4	In einer hellen Schachtel liegen doppelt so viele Hölzchen wie in einer dunklen Schachtel.
☐ = ■	h = d	h: 0 1 2 3 4 / d: 0 1 2 3 4	In einer dunklen Schachtel liegen gleich viele Hölzchen wie in einer hellen Schachtel.
☐ = ■ IIII	h = d + 4	h: 4 5 6 7 8 / d: 0 1 2 3 4	In einer hellen Schachtel liegen 4 Hölzchen mehr als in einer dunklen Schachtel.
■ II = IIII	d + 2 = 4	d = 2	In der dunklen Schachtel liegen 2 Hölzchen.
☐ II = IIIIII	h + 2 = 6	h = 4	In der hellen Schachtel liegen 4 Hölzchen.
☐ ☐ = ■ ■	2h = 2d	h: 0 1 2 3 4 / d: 0 1 2 3 4	In 2 hellen Schachteln liegen gleich viele Hölzchen wie in 2 dunklen Schachteln.
☐ ■ = ■ II	h + d = d + 2	h: 2 2 2 2 2 / d: 0 1 2 3 4	In einer dunklen und einer hellen Schachtel liegen 2 Hölzchen mehr als in einer dunklen Schachtel.
☐ ☐ II = ☐	2h + 2 = h	keine Lösung	In 2 hellen Schachteln liegen 2 Hölzchen weniger als in einer hellen Schachtel.

1 Rund ums Baby

100 ml enthalten	Muttermilch	Milchschoppen	Kuhmilch
Kohlenhydrate	7.1 g	7.0 g	4.8 g
Eiweiss	1.1 g	1.6 g	3.3 g
Fett	4.0 g	3.8 g	3.8 g
Calcium	31 mg	69 mg	120 mg
Natrium	16 mg	16 mg	48 mg
Magnesium	3.8 mg	4.5 mg	12 mg
Eisen	29 µg	1.3 mg	46 µg
Energie	300 kJ	290 kJ	290 kJ

1.1 Die Zusammensetzung der Muttermilch ist ideal abgestimmt auf die Bedürfnisse des neugeborenen Kindes. Der Mutter wird empfohlen, ihr Baby während 6 Monaten voll zu stillen.

Vergleiche die Zusammensetzung von Muttermilch, Milchschoppen und Kuhmilch. Fasse deine Ergebnisse in einem kurzen Bericht zusammen.

1.2 Für die Bildung der Milch werden dem Körper der Mutter verschiedene Stoffe entzogen. Zum Beispiel ist Eisen ein wichtiger Teil der roten Blutkörperchen. Diese transportieren den Sauerstoff von der Lunge zu den Körperzellen. Calcium wird für die Knochen- und Zahnbildung benötigt.

A Berechne, wie viel Eisen und Calcium dem Körper der Mutter während der Stillzeit entzogen werden. Überlege dir, was das für den Körper der Mutter bedeutet.

B Stelle weitere Fragen. Formuliere Antworten und zeige, wie du dazu gekommen bist.

1.3 David war bei der Geburt ein sehr leichtes Kind. Die Mutter hat Daten zu seiner Entwicklung festgehalten.

A Ergänze die Tabelle, wo dies möglich ist.

B Erstelle eine Grafik. Kommentiere, was sie ausdrückt.

Datum	20. 1. 00	23. 1. 00	26. 1. 00	28. 1. 00	1. 2. 00	11. 2. 00	25. 2. 00	20. 3. 00	13. 4. 00	11. 5. 00	8. 6. 00
Alter	0 d										
Grösse	48 cm					50 cm	52.5 cm	54.5 cm	56 cm	60 cm	62 cm
Gewicht	2 560 g	2 320 g	2 460 g	2 550 g	2 760 g	3 280 g	3 820 g	4 700 g	5 130 g	5 610 g	6 080 g

2 Sich Grössen vorstellen

Zehnerpotenzen	Vorsätze	Längen	Gewichte	Hohlmasse
1 000 000	mega		1 t = 1 000 000 g	
1 000	kilo	1 km = 1 000 m	1 kg = 1 000 g	
100	hekto			1 hl = 100 l
10	deka			
1		**1 m**	**1 g**	**1 l**
0.1	dezi	1 dm = 0.1 m		1 dl = 0.1 l
0.01	zenti	1 cm = 0.01 m		1 cl = 0.01 l
0.001	milli	1 mm = 0.001 m	1 mg = 0.001 g	1 ml = 0.001 l
0.000 001	mikro	1 µm = 0.000 001 m	1 µg = 0.000 001 g	1 µl = 0.000 001 l

2.1 Wie stellst du dir die folgenden Grössen vor? Beschreibe.

1 m, 1 km, 1 g, 1 kg, 1 ml, 1 l

2.2 A Wie viele erwachsene Menschen wiegen zusammen ungefähr eine Tonne?

B Du hast keine Waage. Wie bestimmst du nun möglichst genau 1 kg?

C Schätze, wie gross ein Stein sein müsste, der ungefähr 1 kg wiegt. Prüfe das nach.

D Eine kleine Ameise wiegt ungefähr 1 mg, ein Smartie 1 g. Wie viele Smarties etwa sind gleich schwer wie zehn Tafeln Schokolade? Wie viele Ameisen etwa haben das gleiche Gewicht wie 10 Tafeln Schokolade?

2.3 A Der Inhalt einer Tintenpatrone ist fast 1 ml. Wie viele Tintenpatronenfüllungen könntest du in ein kleines Glas (1 dl) etwa giessen? Wie viele cl Tinte wären dies?

B Schätze ab: Wie hoch, wie lang und wie breit ist eine 1-Liter-Getränkepackung? Kontrolliere deine Schätzung durch Nachmessen.

2.4 Suche ähnliche Fragen wie bei 2.2 und 2.3 zu den Einheiten mm, cm, dm, m, km. Notiere zu den Fragen jeweils deine Antwort.

2.5 A Wie schwer ist ein Blatt Papier vom Format A4? Rechne mit einem Papiergewicht von 80 g/m^2.

B Zeichne darauf ein Stück ein, das etwa 1 mg wiegt.

2.6 A Schätze: Wie viele cm legst du mit einem Schritt zurück? Miss nach.

B Schätze: Wie viele Schritte machst du, um einen Kilometer zurückzulegen? Rechne nach.

2.7 Schätze und überprüfe deine Schätzungen:

A Wie viele Liter haben in einer Badewanne Platz?

B Wie viele Badewannen könnten mit dem Inhalt eines 25 m langen und 6 Bahnen breiten Schwimmbeckens gefüllt werden?

C Wie viel Wasser fasst ein Putzeimer?

D Wie viele Putzeimer voll Wasser brauchst du für ein Vollbad?

E Wie lang und wie breit ist eure Turnhalle?

F Wie oft hätte das Schulzimmer darin Platz?

G Wie gross ist der Durchmesser eines Einfrankenstücks?

H Wie schwer ist die ganze Klasse?

I Wie schwer ist das *mathbu.ch 7*?

3 **Rechnen mit Grössen**

3.1 Schreibe mit Komma (20 cm = 0.2 m).

2 cm =	m	9 m =	km	500 g =	kg
32 cm =	m	89 m =	km	1 500 g =	kg
432 cm =	m	789 m =	km	15 t =	kg
4 320 cm =	m	90 mm =	m	150 g =	kg
32 dm =	m	900 mm =	m	150 mg =	g
320 dm =	m	9 000 µm =	m	1 500 mg =	g

3.2 Ordne der Grösse nach.

A 101 l   1 002 ml   10.2 cl   11 dl   1.003 l   102 ml   1.2 dl

B 0.032 kg   302 mg   3.022 kg   0.030 2 g   322 g   0.003 2 t   3.02 g

3.3 Übermale gleiche Mengen mit derselben Farbe.

1 kg 20 g	5 cl	0.008 l	8 050 ml
50 ml	805 cl	1 g 20 mg	5 dl
1.02 g	8 ml	0.5 l	1 020 g

3.4 Gib in der angegebenen Grösseneinheit an.

$\frac{3}{4}$ kg =	g	$\frac{3}{10}$ m =	cm	$\frac{1}{8}$ l =	dl
$\frac{3}{5}$ kg =	g	$\frac{3}{10}$ m =	dm	$\frac{1}{8}$ l =	cl
$\frac{3}{8}$ kg =	g	$\frac{1}{8}$ m =	mm	$\frac{5}{8}$ l =	ml
$\frac{3}{10}$ kg =	g	$\frac{1}{4}$ m =	mm	$\frac{5}{4}$ l =	ml
$\frac{3}{20}$ kg =	g	$\frac{1}{2}$ m =	cm	$\frac{5}{2}$ l =	dl

3.5 Gib mit (gekürzten) Brüchen an (z. B. 400 m = $\frac{2}{5}$ km).

200 g =	kg	750 ml =	l	125 m =	km
20 g =	kg	75 cl =	l	375 mm =	m
2 g =	kg	7.5 dl =	l	37.5 cm =	m
600 mg =	g	2.5 dl =	l	250 m =	km

3.6 Gib in der angegebenen Grösseneinheit an.

1 km =	m	1 hl =	l	1 t =	kg
1 m =	dm	1 l =	dl	1 kg =	g
1 m =	cm	1 l =	cl	1 g =	mg
1 m =	mm	1 l =	ml	1 g =	µg

3.7 Gib in der angegebenen Grösseneinheit an.

10 t =	kg	1 km =	m	100 l =	dl
1 kg =	mg	10 m =	mm	1 l =	ml
100 mg =	g	10 mm =	m	10 l =	ml
0.1 g =	kg	0.01 m =	km	330 ml =	l
10 mg =	g	1 dm =	m	0.33 l =	cl
0.01 g =	kg	0.1 m =	km	3.3 dl =	l

1 Gefässe füllen

Wasser fliesst gleichmässig aus einer Röhre in ein Gefäss. Die Grafiken zeigen, wie die Füllhöhe von der eingefüllten Menge abhängt. Zu jedem Gefäss 1 bis 6 gehört genau ein Graph A bis F. Was gehört zusammen? Begründe.

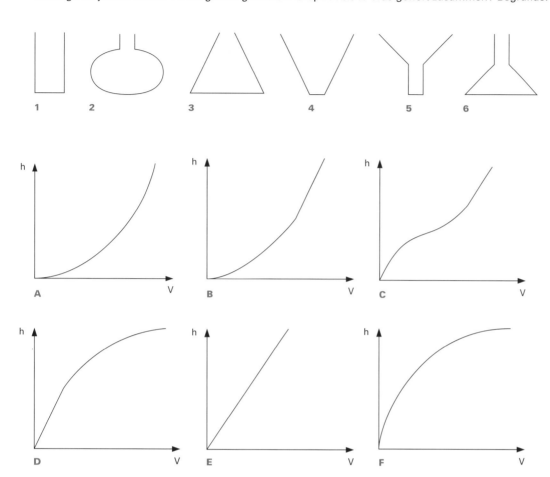

2 Schulweg-Geschichten

Katrin erzählt: «Özlem wohnt ziemlich genau zwischen unserer Wohnung und dem Schulhaus. Heute Morgen bin ich auf dem Weg zur Schule bei ihr vorbeigegangen, um sie abzuholen. Ich musste bei ihr 3 Minuten warten, weil sie noch nicht bereit war. Dann mussten wir etwas pressieren, sonst wären wir nicht rechtzeitig in der Schule angekommen.»

Auf dem Graphen unten sieht man, wie weit Katrin zu jedem Zeitpunkt von zu Hause entfernt war.

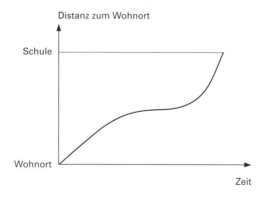

2.1 Erzähle zu jedem Graphen eine Schulweg-Geschichte.

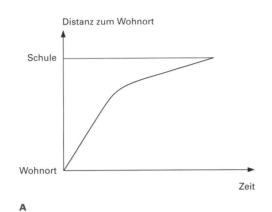

A

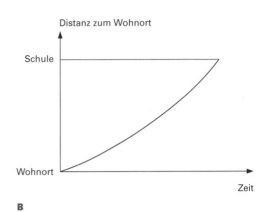

B

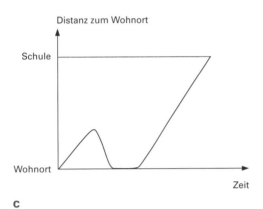

C

2.2 Erfinde eine eigene Schulweg-Geschichte und zeichne den Graphen dazu.

---

3 **Geschwindigkeit und Position**

3.1 Ein Rennwagen fährt eben am Start vorbei.

A Beschreibe in Worten für alle drei unten skizzierten Rundkurse, wie sich die Geschwindigkeit auf der nächsten Runde entwickelt.

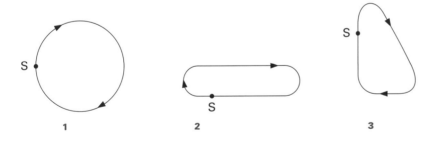

B Zeichne zu jedem Rundkurs einen Graphen.

C Vergleicht eure Graphen.

3.2 Erfinde selbst eine Rennstrecke mit mindestens vier Kurven. Zeichne auf einem separaten Blatt einen Graphen, wie sich die Geschwindigkeit beim Durchfahren des Rundkurses entwickelt. Gib dann nur den Graphen deiner Nachbarin oder deinem Nachbarn. Kann sie oder er aus deinem Graphen die von dir erfundene Rennstrecke rekonstruieren?

3.3 Der nachfolgende Graph beschreibt, wie sich die Geschwindigkeit des Autos im Laufe einer Runde verändert. Welche der Rundstrecken A bis F passt am besten?

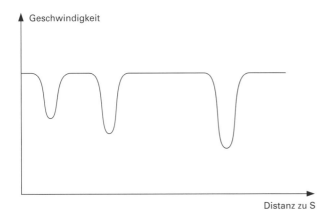

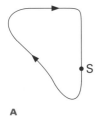

A

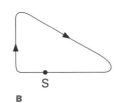

B

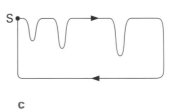

C

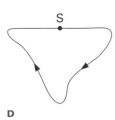

D

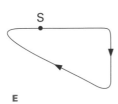

E

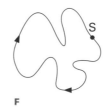

F

---

4 **Vermischte Situationen**

4.1 Welcher Graph passt zu welcher Situation? Ordne die Texte A bis D den Graphen I bis IV zu.

   A Die Preise steigen jetzt langsamer an als in den vergangenen 5 Jahren.

   B Nach der Vorstellung war es zuerst ganz still. Dann begann jemand zaghaft zu klatschen, dann begannen auch die Leute um diese Person herum und sehr schnell klatschte und stampfte das ganze Publikum frenetisch.

   C Je grösser die einzelnen Gepäckstücke sind, desto weniger haben im Kofferraum Platz.

   D Ist der Preis für ein Kinobillett zu tief, macht die Eigentümerin höchstens einen kleinen Gewinn. Wenn aber der Eintrittspreis zu hoch ist, kommen zu wenig Leute. Um profitabel zu sein, braucht es also einen mittleren, «vernünftigen» Preis.

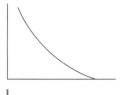

I

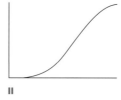

II

III

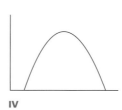

IV

4.2 Schreibe in Aufgabe 4.1 die Achsen an.

4.3 Drücke für die Situationen A bis D in Worten aus, wie die erwähnten Grössen zusammenhängen. Notiere das auf ein Blatt. Diskutiere den Text mit deiner Nachbarin oder deinem Nachbarn. Einigt euch auf einen gemeinsamen Text. Sucht dann für jede Situation einen passenden Graphen. Begründet eure Wahl mit möglichst stichhaltigen Argumenten.

   A Wie hängt der Preis eines Sacks Kartoffeln von seinem Gewicht ab?

   B Wie hängt die Zeit, die zum Durchlaufen einer Strecke benötigt wird, von der Streckenlänge ab?

   C Aus einem satt aufgeblasenen Luftballon lässt man die Luft gleichmässig und langsam entweichen. Wie hängt das Volumen des Ballons von der Zeit ab?

   D Wie ändert sich das Volumen in Abhängigkeit der Zeit, wenn man den satt aufgeblasenen Ballon einfach loslässt?

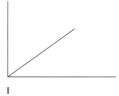

I

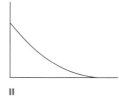

II

III

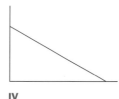

IV

4.4 Schreibe die Achsen an.

1   Mit Dezimalbrüchen nur im Kopf rechnen

1.1   Finde Zahlenpaare, die zusammen die Summe 0.5 ergeben.

0.1   0   0.05   0.495   0.4   0.45   0.5   0.3   0.005   0.49   0.2   0.01

1.2   Finde Zahlenpaare, die zusammen die Summe 1.5 ergeben.

0.7   1.05   0.65   0.3   0.75   0.95   0.45   0.8   1.2   0.55   0.85   0,75

1.3   Finde Zahlenpaare, die zusammen das Produkt 1 ergeben.

0.04   5   20   0.1   25   0.2   0.4   0.25   10   100   4   0.01   2.5   0.05

1.4   Finde Zahlenpaare, die zusammen das Produkt 3.6 ergeben.

6   0.05   30   0.09   18   0.6   8   0.12   0.45   0.5   72   0.2   40   7.2

1.5   Finde Zahlenpaare, die zusammen die Summe oder das Produkt 10 ergeben.

0.2   7.5   25   0.5   6.5   0.8   12.5   0.5   9.5   3.5   50   2.5   0.4   20

1.6   Erfindet eigene Aufgaben wie in 1.1 bis 1.5. Schreibt die Zahlen auf Kärtchen. Gebt sie jemandem zum Finden der Paare. So könnt ihr selbstständig üben und euch gegenseitig kontrollieren.

1.7   Berechne. Was stellst du jeweils fest?

A $\frac{1}{3}$ von $\frac{1}{2}$ B $\frac{1}{2}$ von $\frac{3}{5}$ C $\frac{2}{3}$ von 60   D $\frac{2}{3}$ von $\frac{3}{10}$

$\frac{1}{6}$ von $\frac{1}{2}$ $\frac{1}{2}$ von $\frac{3}{10}$ $\frac{2}{3}$ von 6 $\frac{1}{3}$ von $\frac{6}{10}$

$\frac{1}{9}$ von $\frac{1}{2}$ $\frac{1}{2}$ von $\frac{3}{15}$ $\frac{2}{3}$ von $\frac{6}{10}$ $\frac{1}{6}$ von $\frac{12}{10}$

$\frac{1}{12}$ von $\frac{1}{2}$ $\frac{1}{2}$ von $\frac{3}{20}$ $\frac{2}{3}$ von $\frac{6}{100}$ $\frac{1}{12}$ von $\frac{24}{10}$

2   Verwandte Rechnungen aufschreiben, dann im Kopf rechnen

A	B	C
$0.6 \cdot 0.3$	$25 : 0.5$	$2.4 : 0.008$
$1.2 \cdot 0.4$	$3.6 : 0.06$	$0.12 \cdot 0.012$
$2.5 \cdot 0.2$	$72 : 0.12$	$0.016 : 0.2$
$1.5 \cdot 0.05$	$0.5 : 0.25$	$0.015 \cdot 1.5$
$0.08 \cdot 0.07$	$0.48 : 0.04$	$0.0064 : 0.8$

D   Erfindet weitere Aufgaben wie in A bis C. Tauscht sie untereinander aus. Kontrolliert euch gegenseitig.

3   Mit Dezimalbrüchen im Kopf rechnen und mit dem Taschenrechner überprüfen

3.1   A   Suche mindestens fünf verschiedene Zahlenpaare, deren Summe 2.4 ergibt.

     B   Tauscht eure Zahlenpaare aus und kontrolliert gegenseitig.

     C   Wählt selbstständig andere Summen als 2.4.

3.2   A   Suche mindestens fünf verschiedene Zahlenpaare, deren Differenz 3.05 ergibt.

     B   Tauscht eure Zahlenpaare aus und kontrolliert gegenseitig.

     C   Wählt selbstständig andere Differenzen als 3.05.

3.3   A   Suche mindestens fünf verschiedene Zahlenpaare, deren Produkt 0.36 ergibt.

     B   Tauscht eure Zahlenpaare aus und kontrolliert gegenseitig.

     C   Wählt selbstständig andere Produkte als 0.36.

3.4   A   Suche mindestens fünf verschiedene Zahlenpaare, deren Quotient 0.05 ergibt.

     B   Tauscht eure Zahlenpaare aus und kontrolliert gegenseitig.

     C   Wählt selbstständig andere Quotienten als 0.05

3.5 Drei Resultate – viele Multiplikationen

Welche Rechnung führt zu welchem Resultat? Welche Rechnung führt zu keinem der drei Resultate.

Wie lautet das Resultat dieser Rechnung?

0.6	**1.2**	**2.4**

$3 \cdot 0.4$ $\qquad$ $20 \cdot 0.03$ $\qquad$ $4 \cdot 0.3$ $\qquad$ $1.2 \cdot 0.5$

$80 \cdot 0.003$ $\qquad$ $0.6 \cdot 4$ $\qquad$ $20 \cdot 0.06$

$0.3 \cdot 0.2$ $\qquad$ $0.06 \cdot 20$ $\qquad$ $8 \cdot 0.3$ $\qquad$ $0.05 \cdot 12$

$6 \cdot 0.4$ $\qquad$ $3 \cdot 0.2$

3.6 Drei Resultate – viele Divisionen

Welche Rechnung führt zu welchem Resultat? Welche Rechnungen führen zu keinem der drei Resultate.

Wie lautet das Resultat dieser Rechnungen?

0.4	**0.8**	**1.6**

$2.4 : 3$ $\qquad$ $8 : 20$ $\qquad$ $1.92 : 1.2$ $\qquad$ $17.6 : 11$

$0.48 : 0.6$ $\qquad$ $3.2 : 40$ $\qquad$ $4 : 15$

$40 : 25$ $\qquad$ $5.2 : 13$ $\qquad$ $1.2 : 15$ $\qquad$ $0.16 : 0.2$

$0.2 : 0.5$ $\qquad$ $0.48 : 0.3$ $\qquad$ $0.16 : 0.4$

3.7

A Multipliziere jeden Faktor a mit jedem Faktor b.

$a =$ $\quad$ 125 $\quad$ 12.5 $\quad$ 1.25 $\quad$ 0.125

$b =$ $\quad$ 400 $\quad$ 40 $\quad$ 4 $\quad$ 0.4

B Was stellst du fest?

C Mache eigene Beispiele.

3.8

A Dividiere jeden Dividenden a durch jeden Divisor b.

$a =$ $\quad$ 360 $\quad$ 36 $\quad$ 3.6 $\quad$ 0.36

$b =$ $\quad$ 6 $\quad$ 0.6 $\quad$ 0.06 $\quad$ 0.006

B Was stellst du fest?

C Mache eigene Beispiele.

4   Schätzen, berechnen, prüfen

4.1   Schätze eine untere Grenze und eine obere Grenze. Berechne genau mit dem Taschenrechner.
Berechne die Differenz zur besseren Schätzung.

Rechnung	mindestens	höchstens	genau	Unterschied zur besseren Schätzung
23 456 + 13 579				
975 864 − 24 680				
14 703 + 258 147				
97 864 − 29 345				
1 027 843 − 43 765				

4.2   Schätze eine untere Grenze und eine obere Grenze. Berechne genau mit dem Taschenrechner.
Berechne die Differenz zur besseren Schätzung.

Rechnung	mindestens	höchstens	genau	Unterschied zur besseren Schätzung
10.3 · 8.9				
31.4 · 152.5				
98.4 · 71.55				
0.289 · 124.3				
0.356 · 8.49				

4.3   Schätze zuerst und berechne dann genau. Berechne die Differenz zwischen Schätzung und genauem Resultat.

Rechnung	Schätzung	genaues Resultat	Differenz
85 : 3.4			
2 028 : 0.39			
350 : 2.8			
2 115.8 : 0.71			
21 606 : 547			

5 **Schätze und überprüfe mit dem Taschenrechner.**

A 11.4 m : 76 =

270.6 km : 123 =

233.7 cm : 19 =

1 017.5 m : 275 =

B 9.750 kg : 0.750 kg =

45.850 t : 0.350 t =

40.5 kg : 45 g =

4.960 t : 4 kg =

6 **Ohne Worte**

$$\frac{1}{2} \text{ von } \frac{1}{4} \qquad 0.125 \cdot 2 \qquad \frac{1}{4} : \frac{1}{3}$$

$$0.25 \cdot 3 \qquad \frac{1}{4} \text{ von } \frac{1}{2} \qquad \frac{1}{3} \text{ von } \frac{3}{4} \qquad 0.5 \cdot 0.25$$

$$\frac{1}{8} \text{ von } 2 \qquad 0.25 : 2 \qquad 0.75 : 6$$

$$\frac{2}{3} \text{ von } \frac{3}{8} \qquad 0.3 \cdot 0.75 \qquad \frac{1}{4} \text{ von } 3$$

$$\frac{1}{6} \text{ von } \frac{3}{2} \qquad 0.5 \cdot 1.5$$

1   Preise

1.1   Ergänze.

Fruchtjoghurt Anzahl	Preis [CHF]
4	3.20
1	
	9.60
7	

Tischtennisbälle Anzahl	Preis [CHF]
3	1.80
1	
	5.40

Hackfleisch Gewicht [kg]	Preis [CHF]
0.600	7.20
1.000	
	18.00

Big-Mac-Menu Anzahl	Preis [CHF]
1	9.90

Videokassetten Anzahl	Preis [CHF]

	Preis [CHF]

1.2   Vergleiche die Preise. Warum ist das so?

A Reibkäse
   120 g   2.40
   250 g   5.–

B Fruchtjoghurt
   180 g   0.90
   500 g   2.10

C Fertigfondue
   400 g   3.80
   1 kg   9.–

D Cola im Restaurant
   1 dl   1.50 (offen)
   2 dl   2.50 (offen)
   3 dl   3.90 (Fläschchen)
   5 dl   5.00 (offen)

E ICE TEA
   klein   3 dl   –.45
   mittel   5 dl   –.50
   gross   10 dl   –.80
   Budget   10 dl   –.65

F Finde in Geschäften weitere Beispiele.

2 Graphen

In Italien stellen Taxifahrer ganz unterschiedlich Rechnung. Finde je den passenden Graphen.

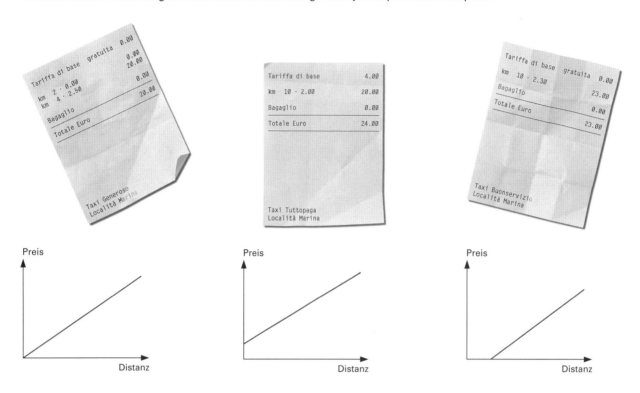

3 Ohne Worte

3.1 Erfinde zu 3.1 bis 3.6 eigene Aufgaben.

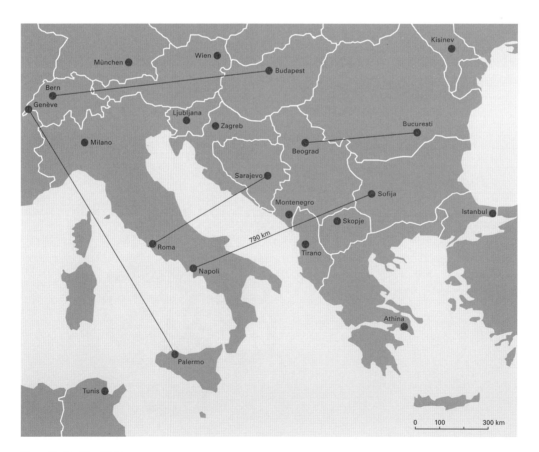

Napoli – Sofija: 790 km

3.2

Anzahl	CHF	Stück	m	kg	CHF	CHF	sec
4	8.40	3	9.90	0.600	12	0.06	12
2	4.20	2	6.60	0.500	10	0.60	
1		10			20		100
	16.80		66	44			2000
						11.00	

3.3 Beispiel:

	CHF	14.31		CHF	27.26		CHF	
	l	10.60		l			l	42.50
	CHF/l			CHF/l	1.45		CHF/l	1.34

3.4

CREDIT SUISSE

CHANGE

ANKAUF / VERKAUF

	ANKAUF	VERKAUF
Euro	1444	1494
Amerikanische Dollar	1605	1695
Kanadische Dollar	10075	10875
Britische Pfund	23075	24675
Schwedische Kronen	1540	1700
Dänische Kronen	1880	2060
Norwegische Kronen	1845	2015
Japanische Yen	12125	13175
Australische Dollar	08425	09325

3.5

Heizölpreise			
Liter	Mai 2002 in CHF/100 l	Juni 2002 in CHF/100 l	Juli 2002 in CHF/100 l
3 000 bis 4 499	39.90	40.65	40.90
4 500 bis 5 999	38.70	38.90	39.15
6 000 bis 9 999	37.10	37.35	37.55
10 000 bis 19 999	36.05	36.25	36.50
Tankzug ca. 23 000	35.55	35.75	36.00

3.6

1 **Sich grosse Zahlen vorstellen**

1.1 Ein Stapel mit zehn Blättern Kopierpapier von der Qualität 80 g/m² ist etwa 1 mm dick.

Baue in Gedanken unterschiedlich hohe Blättertürme. Wie hoch ist ein Turm

A mit tausend Blättern?

B mit einer Million Blättern?

C mit einer Milliarde Blättern?

D mit einer Billion Blättern?

1.2 In einem Reiseführer über China (1998) wird behauptet: «Wenn alle der ca. 1.1 Milliarden Chinesinnen und Chinesen des Landes sich dicht hintereinander in eine Reihe stellen könnten, würde die so entstehende Menschenreihe ungefähr zehnmal um die Erde reichen.» Kann das stimmen?

1.3 A Du zählst von 1 bis 1 000 000. Wie lange würde das dauern, wenn du ohne Unterbruch jede Sekunde eine Zahl sagen könntest?

B Und wenn du von 1 000 000 bis 10 000 000 zählen würdest?

C Und wenn du von 1 000 000 bis 1 000 000 000 000 zählen würdest?

D Stelle fest, wie lange du wirklich brauchst, um die Zahl 8 255 789 345 016 zu sprechen.

1.4 A Wie viele Millionen Sekunden alt warst du an deinem letzten Geburtstag?

B Kann ein Mensch 1 Billion Sekunden alt werden? Begründe.

2   **Schreibweisen für grosse Zahlen**

2.1   Schreibe der Grösse nach auf: 1 Million, 1 Trillion, 10 000 Millionen, 0.1 Billionen, 1 000 Millionen, 10 Milliarden, 0.1 Milliarden, 10 Millionen, 1 000 Milliarden

2.2   Trage folgende Zahlen mit Hilfe von Punkten in die Stellentafel ein oder notiere das Zahlwort.

	10^{14}	10^{13}	10^{12}	10^{11}	10^{10}	10^{9}	10^{8}	10^{7}	10^{6}	10^{5}	10^{4}	10^{3}	10^{2}	10^{1}	10^{0}
A eine Million									•						
B zehn Millionen															
C hundert Millionen		.													
D tausend Millionen															
E eine Milliarde															
F hundert Milliarden															
G		•													
H					•										
I drei Millionen zweihundertzehn-tausend															
J eine Milliarde dreitausend und zwölf															
K dreissig Milliarden zwei Millionen und einhundert															
L				••	•						•••	••	••••		••
M		•	•••		•	•									

2.3   Im Kreis herum.

Übt zu viert oder zu dritt:

–   Jemand nennt die Anzahl Stellen einer Zahl.

–   Der/die Nächste nennt eine passende Zahl.

–   Der/die Nächste stellt diese in der Stellentafel mit Punkten dar.

–   Der/die Nächste schreibt das Zahlwort auf.

–   Der/die Nächste kontrolliert alles.

–   Der/die Nächste nennt die Anzahl Stellen einer weiteren Zahl.

–   Der/die Nächste nennt eine passende Zahl.

–   Der/die Nächste legt … usw.

3 Orientierung im Zahlenraum

3.1 A Nenne die um 1 grössere Zahl.

999 999 000

999 000 999

999 999 999

9 999 899

9 998 999

9 989 999

9 890 999

B Nenne die um 100 grössere Zahl.

987 654 321

9 998 900

9 989 999

9 899 999

8 999 999

9 889 999

9 888 999

C Stellt euch zum Üben gegenseitig weitere ähnliche Aufgaben.

3.2 Bestimme die Hälfte. Veranschauliche am Zahlenstrahl.

1 Million

1.1 Millionen

11 Millionen

1 Milliarde

1.1 Milliarden

11 Milliarden

3.3 Nenne die Zahl in der Mitte zwischen den beiden angegebenen Zahlen.

A 1 000 und 10 000

1 000 und 100 000

1 000 und 1 000 000

1 000 und 1 000 000 000

1 000 und 1 000 000 000 000

B 0 und 1 000

10 und 100

100 und 1 000

1 Million und 1 Milliarde

1 Million und 1 Billion

3.4 A Zähle in 3er (4er, 6er) – Schritten rückwärts von 1 Million aus.

B Zähle in 30er (40er, 60er) – Schritten rückwärts von 1 Million aus.

C Zähle in 300er (400er, 600er) – Schritten rückwärts von 1 Million aus.

3.5 A Ergänze die Rechnungen und die Ergebnisse.

B Färbe gleiche Ergebnisse mit derselben Farbe.

C Beschreibe die Gesetzmässigkeiten, die du erkennen kannst.

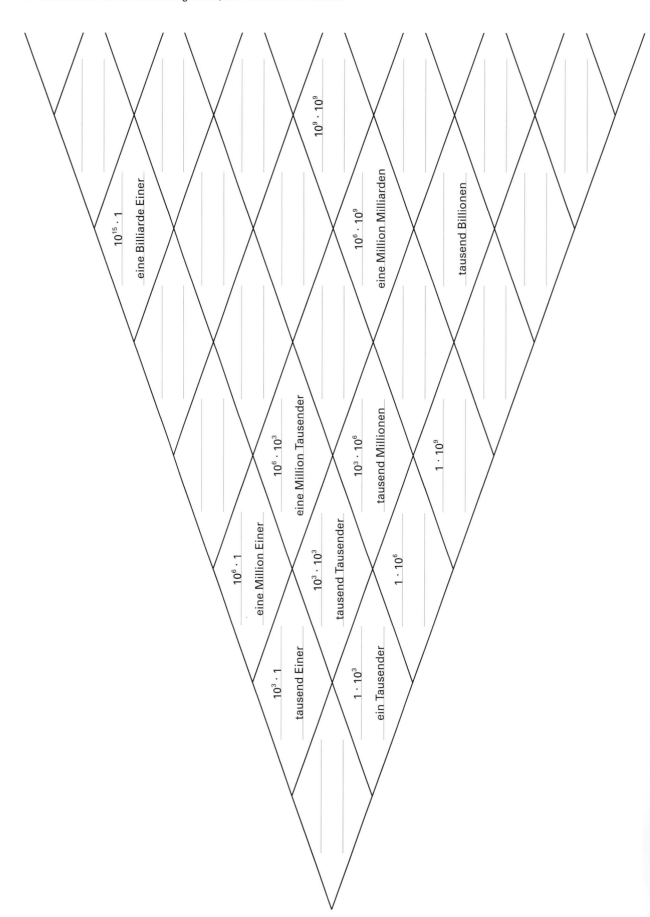

1 Fülle die Tabelle gemäss Aufgabe 7 der Lernumgebung aus.

Zahl	1 · 365	2 · 365	3 · 365	4 · 365	5 · 365	6 · 365	7 · 365	8 · 365	
7er-Rest									

Zahl	1 · 366	2 · 366	3 · 366	4 · 366	5 · 366	6 · 366	7 · 366	8 · 366	
7er-Rest									

Zahl	1 · 367	2 · 367	3 · 367	4 · 367	5 · 367	6 · 367	7 · 367	8 · 367	
7er-Rest									

Zahl	1 · 371	2 · 371	3 · 371	4 · 371	5 · 371	6 · 371	7 · 371	8 · 371	
7er-Rest									

Schreibe deine Feststellungen und Begründungen auf.

2 Bestimme die 4er-Reste von Zahlen gemäss Aufgabe 8 der Lernumgebung.

A

Zahl		10^5	10^4	10^3	10^2	10^1	10^0
4er-Rest							

B

Zahl	27 653		20 000	7 000	600	50	3
4er-Rest							

Schreibe die Regel auf.

3 Bestimme die 3er-Reste von Zahlen gemäss Aufgabe 9 der Lernumgebung.

A

Zahl		10^5	10^4	10^3	10^2	10^1	10^0
3er-Rest							

B

Zahl	54 321		50 000	4 000	300	20	1
3er-Rest							

Schreibe die Regel auf.

4 Bestimme die 5er-Reste von Zahlen.

A

Zahl		10^5	10^4	10^3	10^2	10^1	10^0
5er-Rest							

B

Zahl	48 397		40 000	8 000	300	90	7
5er-Rest							

Schreibe die Regel auf.

5 Bestimme die 8er-Reste von Zahlen.

A

Zahl		10^5	10^4	10^3	10^2	10^1	10^0
8er-Rest							

B

Zahl	35 678		30 000	5 000	600	70	8
8er-Rest							

C Wähle weitere Zahlen und bestimme wie bei B den 8er-Rest.

Formuliere eine Regel, wie man möglichst einfach den 8er-Rest einer beliebigen Zahl bestimmen kann.

6 Formuliere Regeln, wie man möglichst einfach weitere Reste von Zahlen bestimmen kann.

A 2er-Reste von Zahlen:

Zahl		10^5	10^4	10^3	10^2	10^1	10^0
2er-Rest							

Zahl							
2er-Rest							

Schreibe die Regel auf.

B 6er-Reste von Zahlen:

Zahl		10^5	10^4	10^3	10^2	10^1	10^0
6er-Rest							

Zahl							
6er-Rest							

Schreibe die Regel auf.

C 9er-Reste von Zahlen:

Zahl		10^5	10^4	10^3	10^2	10^1	10^0
9er-Rest							

Zahl							
9er-Rest							

Schreibe die Regel auf.

7 Bestimme die Reste der folgenden Zahlen:

A 3er-Rest von: 123, 234, 345, 456, …

B 4er-Rest von: 1 234, 2 345, 3 456, 4 567, …

C 5er-Rest von: 12, 123, 1 234, 12 345, …

D 6er-Rest von: 9, 98, 987, 9 876, …

E 7er-Rest von: 987, 876, 765, 654, …

F 8er-Rest von: 1, 11, 111, 1 111, 11 111, …

G 9er-Rest von: 11, 222, 3 333, 44 444, …

8 Suche Zahlen, die den 2er-Rest 1 haben. Teile sie durch 2. Schreibe das Resultat als Dezimalbruch. Was stellst du fest?

9 Für folgende Aufgabe kannst du den Taschenrechner verwenden.

A Nimm verschiedene Zahlen und teile sie durch 3. Schreibe das Resultat als Dezimalbruch.
Woran erkennst du, welchen 3er-Rest die gewählten Zahlen haben?

B Nimm verschiedene Zahlen und teile sie durch 4. Schreibe das Resultat als Dezimalbruch.
Woran erkennst du, welchen 4er-Rest die gewählten Zahlen haben?

C Nimm verschiedene Zahlen und teile sie durch 5. Schreibe das Resultat als Dezimalbruch.
Woran erkennst du, welchen 5er-Rest die gewählten Zahlen haben?

D Verfahre ebenso wie in A bis C für die Bestimmung der 6er-Reste, der 8er-Reste und der 9er-Reste von Zahlen.

10 Prüfe folgende Behauptungen auf ihre Richtigkeit (Schaltjahre beachten!):

A In genau 364 Tagen haben wir denselben Wochentag wie heute!

B 360 Tage lassen sich ohne Rest in 12 gleich lange Monate einteilen!

C In genau 10 Jahren haben wir denselben Wochentag wie heute!

D In genau 100 Jahren haben wir denselben Wochentag wie heute!

E Das Jahr 2054 ist ein Schaltjahr!

F Das Jahr 3052 ist ein Schaltjahr!

11 Überlege, ob die 365 Tage eines Jahres anders als gewohnt in «Wochen» und «Monate» unterteilt werden könnten.
Finde eigene Namen für deine Teile!

12 Suche Teilbarkeitsregeln für 12, 15, 18, 25, 125.

13 Finde möglichst viele verschiedene Teiler der Zahl 362 880.

14 Bilde aus den Ziffern 1, 2, 3, 4, 5 und 6 die grösstmögliche durch 6 teilbare Zahl. Notiere deine Überlegungen dazu.

15 Bei den Wörtern «Lagerregal», «Rotor» und «Sugus» spielt es keine Rolle, ob du sie von rechts nach links oder von links nach rechts liest. Solche Wörter heissen «Palindrome». Natürlich können wir auch Zahlen mit dieser Eigenschaft bilden: 121, 23 432, 987 789, 1 111, 11 111 etc. Solche Zahlen heissen «Zahlen-Palindrome».

A Untersuche Zahlen-Palindrome auf ihre Teilbarkeit durch 11.

B Kannst du allgemeine Regeln angeben?

16 Schreibe eine dreistellige Zahl (zum Beispiel 754) zweimal hintereinander (also 754 754).

A Teile die so erhaltene sechsstellige Zahl durch 7, das Resultat durch 11 und dieses Ergebnis durch 13.
Was stellst du fest?

B Wiederhole das Ganze mit einer selbst gewählten dreistelligen Zahl.

C Versuche zu erklären.

17 **Der Kalender der Muslime**

Im Koran ist festgelegt, dass der Kalender der Muslime ein so genannter «Mondkalender» ist. Ein Mondjahr ist in zwölf Monate eingeteilt. Dieser Kalender heisst «Hedschra-Kalender». Er wird auch heute noch in vielen arabischen (bzw. islamischen) Ländern verwendet.

Monatsnamen des Hedschra-Kalenders

Monat	Arabisch	Übersetzung	Länge in Tagen
1	Muharram	der heilige Monat	30
2	Safar	der Monat, der leer ist	29
3	Rabi-al-Awwal	der erste Frühling	30
4	Rabi-ath-Thani	der zweite Frühling	29
5	Jamada-l-Ula	der erste Monat der Trockenheit	30
6	Jamada-th-Thaniyyan	der zweite Monat der Trockenheit	29
7	Rajab	der verehrte Monat	30
8	Sha'ban	der Monat der Teilung	29
9	Ramadan	der Monat der grossen Hitze	30
10	Shavval	der Monat des Jagens	29
11	Dhu-l-Qa'dan	der Monat des Ruhens	30
12	Dhu-l-Hijjah	der Monat des Wallfahrens	29

A Wie viele Tage hat ein Jahr bei den Muslimen?

B In wie viele gleiche Teile liesse sich ein solches Jahr einteilen?

C Kennst du jemanden, der nach dem Hedschra-Kalender lebt?

D Welches Datum ist heute nach dem islamischen Kalender?

Dezember 1999 – *Sha'ban/Ramadan 1420*

Samstag		Sonntag		Montag		Dienstag		Mittwoch		Donnerstag		Freitag	
								1	*23*	2	*24*	3	*25*
4	*26*	5	*27*	6	*28*	7	*29*	8	*1*	9	*2*	10	*3*
11	*4*	12	*5*	13	*6*	14	*7*	15	*8*	16	*9*	17	*10*
18	*11*	19	*12*	20	*13*	21	*14*	22	*15*	23	*16*	24	*17*
25	*18*	26	*19*	27	*20*	28	*21*	29	*22*	30	*23*	31	*24*

Dieses Kalenderblatt enthält neben den uns vertrauten Daten (linke Spalten) auch die Daten des islamischen Hedschra-Kalenders (kursive Zahlen).

1 **Verschiedene Viereckstypen**

Zeichne alle Diagonalen ein.

A   Bei welchen Figuren stehen die Diagonalen senkrecht aufeinander?

B   Bei welchen Figuren halbieren sich die Diagonalen gegenseitig?

C   Bei welchen Figuren sind alle Seiten gleich lang?

D   Bei welchen Figuren sind je zwei gegenüberliegende Seiten gleich lang?

E   Welche Vierecke sind keine Parallelogramme?

F   Von einigen Figuren kennst du den Namen. Schreibe ihn dazu.

I

III

II

IV

V

VI

VII

2 Eigenschaften

Bei welchen Viereckstypen treffen die folgenden Aussagen immer zu? Kreuze an.

	Quadrat	Rechteck	Rhombus	Parallelo-gramm	andere Vierecke
Es hat vier Seiten.					
Alle Seiten sind gleich lang.					
Alle Seiten sind unterschiedlich lang.					
Je zwei Seiten sind gleich lang.					
Zwei gleich lange Seiten berühren sich.					
Je zwei Seiten sind parallel.					
Es hat drei Diagonalen.					
Beide Diagonalen halbieren sich gegenseitig.					
Die Diagonalen stehen senkrecht aufeinander.					
Beide Diagonalen sind gleich lang.					
Alle Winkel sind gleich gross, nämlich 90°.					
Gegenüberliegende Winkel sind gleich gross.					

3 Rechtwinklige Figuren messen und berechnen

A Beschrifte die gemessenen Längen.

B Berechne den Umfang (Rand innen und aussen) der blauen Figuren.

C Berechne den Flächeninhalt der blauen Figuren.

D Zeichne rechteckige Figuren, bei denen das rechteckige Loch gleich gross ist wie die verbleibende Fläche.

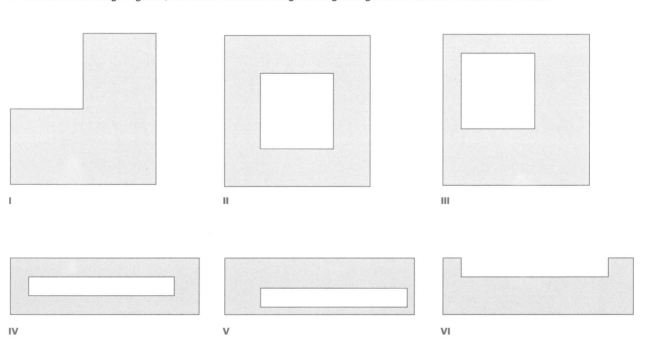

I II III

IV V VI

4 Rechteckige Flächen

A Der Umfang eines Rechtecks misst 36 cm.

Ergänze die Tabelle.

Welches ist die grösstmögliche Fläche?

a	1	2	3	4	5									
b	17													
Fläche														

B Die Fläche eines Rechtecks misst 48 cm².

Ergänze die Tabelle.

Welches ist der kleinste mögliche Umfang?

a	1	2	3	4	5									
b	48													
Umfang														

5 Parallelogramme messen und berechnen

Berechne bei jeder Figur Umfang und Fläche. Färbe alle Strecken, die du zur Berechnung des Umfangs brauchst, rot.

Färbe alle Strecken, die du zur Berechnung der Fläche brauchst, grün. Schreibe die Masse dazu.

Beispiel:

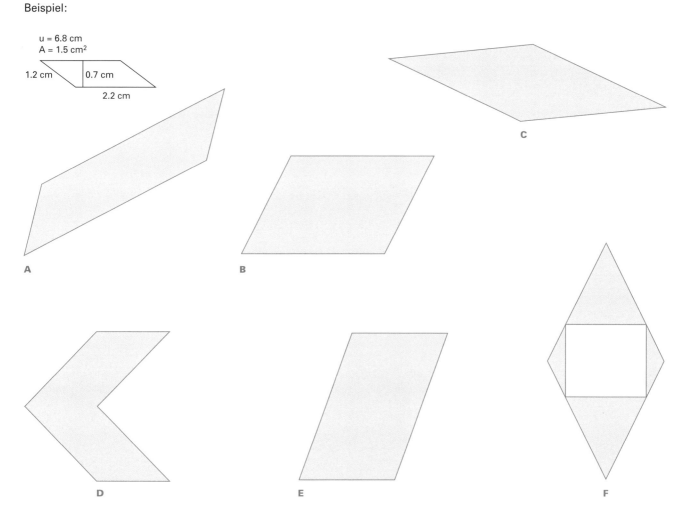

6 **Parallelogrammtyp erkennen**

In jeder Zeile stehen die Masse von Parallelogrammen (Quadrate, Rechtecke, Rhomben oder allgemeine Parallelogramme).

A Suche alle Quadrate.

B Ordne den anderen Angaben auch einen Parallelogrammtyp zu.

Beispiel:

$A = 56$ cm²	$u = 30$ cm	$h = 7$ cm	$a = 8$ cm; $b = 7$ cm	Rechteck	
$A = 42$ cm²	$u = 28$ cm	$h = 6$ cm	$a = 7$ cm; $b = 7$ cm	Rhombus	
$A = 25$ cm²	$u = 20$ cm	$h = 5$ cm	$a = 5$ cm; $b = 5$ cm	Quadrat	
$A = 15$ cm²	$u = 18$ cm	$h = 3$ cm	$a = 5$ cm; $b = 4$ cm	allgemeines Parallelogramm	
$A = 81$ cm²	$u = 36$ cm	$h = 9$ cm			
$A = 36$ cm²	$u = 38$ cm	$h = 4$ cm			
$A = 10$ cm²	$u = 20$ cm	$h = 2$ cm			
$A = 28$ cm²	$u = 22$ cm	$h = 4$ cm			
$A = 60$ cm²	$u = 40$ cm	$h = 6$ cm			
$A = 64$ cm²	$u = 32$ cm	$h = 8$ cm			
$A = 42$ cm²	$u = 26$ cm	$h = 6$ cm			
$A = 12$ cm²	$u = 14$ cm	$h = 3$ cm			

1 **Wie hoch ist die Figur?**

Die Höhe einer Figur ist für die Flächenberechnung eine wichtige Grösse. An ausgeschnittenen Figuren kann die Höhe durch Falten bestimmt werden.

Die Höhe steht auf der zugehörigen Seite senkrecht.

   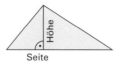

1.1 Bestimme auf diese Weise an ausgeschnittenen Figuren die Höhe

    A bei einem Parallelogramm.

    B bei einem Rhombus.

    C bei einem Dreieck.

So wird die Höhe mit dem Geodreieck gemessen:

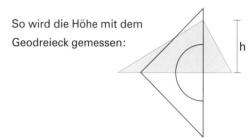

1.2 Zeichne bei den folgenden Dreiecken die Höhen ein und miss ihre Länge.

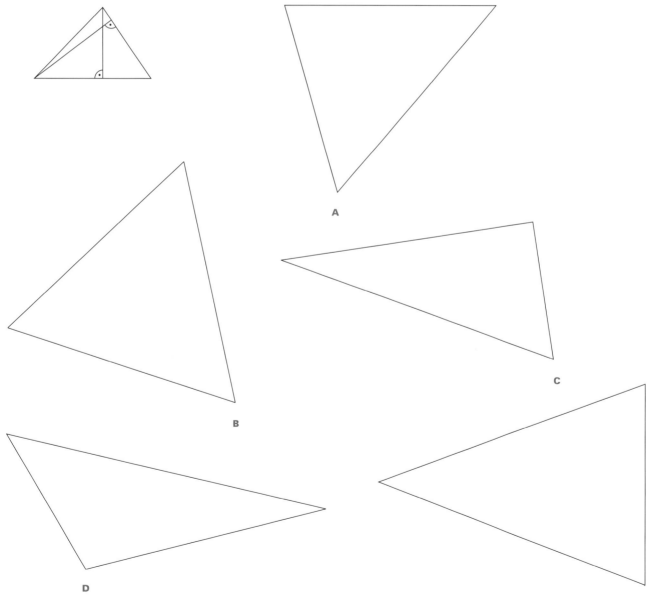

2   Flächeninhalt von Dreiecken

2.1   Du weisst, wie man den Flächeninhalt von Parallelogrammen berechnet. Erkläre es mit Hilfe einer eigenen Skizze oder anhand der folgenden Darstellung.

2.2   Erkläre, wie man den Flächeninhalt von Dreiecken berechnet. Du kannst eigene Skizzen zu Hilfe nehmen oder die folgende Darstellung gebrauchen.

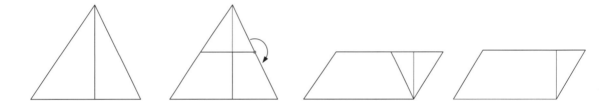

2.3   **A**   Schneidet aus Papier mindestens 12 Dreiecke mit dem Flächeninhalt von je 36 cm².

       B   Vergleicht eure Dreiecke.

       C   Sucht Dreiecke, die alle eine gleich lange Seite haben. Vergleicht ihre Höhen.

3 **Dreiecke – der Schlüssel zu Trapezen und anderen Vierecken**

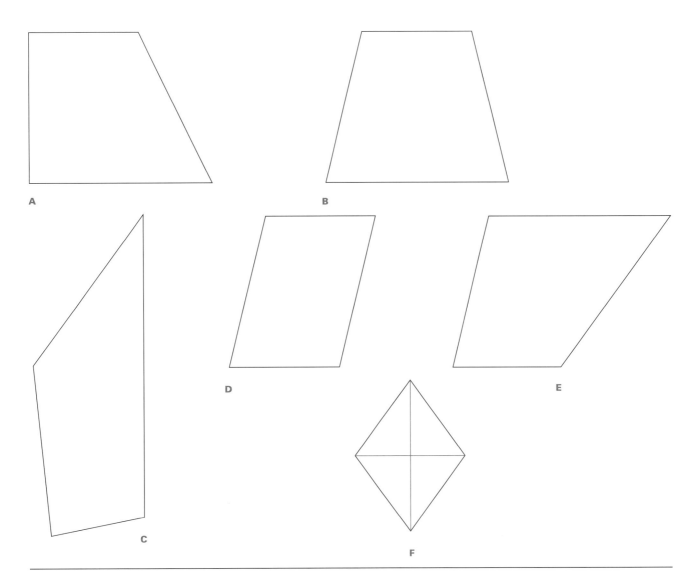

3.1 Welches ist die grösste Figur, welches die kleinste? Schätze ihren Flächeninhalt in cm².

3.2 Gib die bei Aufgabe 3.1 geschätzten Grössen auch in mm² an.

3.3 Bestimme den Flächeninhalt der sechs Figuren.

3.4 Zeichne zwei genau gleiche unregelmässige Vierecke. Zerlege sie auf zwei verschiedene Arten je in zwei Dreiecke. Berechne mit jeder Zerlegung den Flächeninhalt. Vergleiche die Resultate und erkläre die allfällige Abweichung.

3.5 Suche für Trapeze (ein Seitenpaar ist parallel) einen kürzeren Berechnungsweg als durch Berechnung zweier Dreiecke.

3.6 Suche für Drachen (die Diagonalen stehen senkrecht aufeinander) einen kürzeren Berechnungsweg als durch Berechnung zweier Dreiecke.

4 Dreiecke – der Schlüssel zu vielen Figuren

Wer weiss, wie man Dreiecke berechnet, kann auf einfache Weise regelmässige Vielecke berechnen.

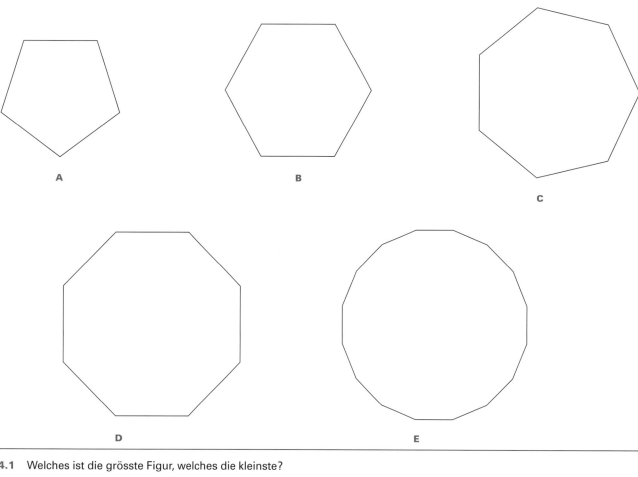

A   B   C

D   E

4.1 Welches ist die grösste Figur, welches die kleinste?
Schätze ihren Flächeninhalt in cm².

4.2 Gib die bei Aufgabe 4.1 geschätzten Grössen auch in mm² an.

4.3 Bestimme den Flächeninhalt der fünf Figuren.

4.4 Suche bei diesen Figuren verschiedene Möglichkeiten, den Flächeninhalt zu bestimmen.
Vergleicht die gefundenen Möglichkeiten und besprecht Vor- und Nachteile für die Berechnung.

4.5 A Zeichne auf ein Blatt ein unregelmässiges Vieleck. Schneide es aus. Berechne seinen Flächeninhalt.
B Tauscht die Vielecke aus. Berechnet auf der Rückseite erneut den Flächeninhalt. Vergleicht die Lösungen.

1   **Zündholzketten**

Wenn du mit Zündhölzern Ketten legst, entdeckst du Gesetzmässigkeiten. Zwischen der Anzahl der Kettenglieder und der Anzahl benötigter Zündhölzer besteht eine Beziehung. Für eine beliebig lange Kette (eine Kette mit x Gliedern) kann diese Beziehung als Term geschrieben werden.

Anzahl Kettenglieder

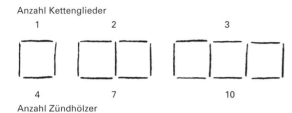

Anzahl Zündhölzer

1.1   Beschreibe, wie die Anzahl Zündhölzer von der Anzahl Kettenglieder abhängt.

1.2   Zu dieser Kette wurden zwei Terme gefunden:

$3 \cdot x + 1$ und $4 + (x - 1) \cdot 3$

   A   Sind beide richtig? Begründe.

   B   Welche Darstellung passt zu welchem Term? Warum?

1.3   Beschreibe den Zusammenhang zwischen der Anzahl Kettenglieder und der Anzahl Hölzer.
Erkläre die Terme, die du findest, mit Hilfe der Figuren.

1.4   Baue andere Zündholzketten.

   A   Bestimme die Anzahl Hölzer für 1, 2, 3, 4, 5 Kettenglieder.

   B   Beschreibe die Gesetzmässigkeit in Worten.

   C   Bestimme die Anzahl Hölzer für 10 und für 20 Kettenglieder.

   D   Suche einen Term für die Anzahl Hölzer bei x Kettengliedern.

1.5 Ergänze die fehlenden Figuren und Zahlen. Suche und beschreibe Gesetzmässigkeiten.
Suche Terme und erkläre sie an den Figuren.

Anzahl Kettenglieder	1	2	3	4	5	10	20	x
A Anzahl Hölzer	3	6	9					3 · x
B Anzahl Hölzer	4							
C Anzahl Hölzer	6							
D Anzahl Hölzer	5							
E Anzahl Hölzer	3							
F Anzahl Hölzer	6							
G Anzahl Hölzer	5							

2 Zündholzmuster

An flächigen Mustern aus Zündhölzern treten ebenfalls Gesetzmässigkeiten auf. Diese lassen sich auch mit Termen beschreiben.

2.1	Anzahl Stockwerke	1	2	3	4	5	x
	Dieses Muster kann verschieden gelesen werden.						
A	Als Folge von Zickzackreihen Ergänze Zahlen und Figuren.						
	Anzahl Hölzer	2	2+4	2+4+6	2+4+6+8		
B	Als zwei Folgen von Strichen. Ergänze Zahlen und Figuren.						
	Anzahl Hölzer	1·2	(1+2)·2	(1+2+3)·2	(1+2+3+4)·2		
	Beides führt zu den selben Zahlen und zum gleichen Term.	2	6	12			$x^2 + x$

C Berechne die benötigte Anzahl Hölzer für 10, 20, 100 Stockwerke.

2.2 Ergänze die fehlenden Figuren und Zahlen.
Suche und beschreibe Gesetzmässigkeiten.

Anzahl Glieder	1	2	3	4	5	10	20	x
A Anzahl Hölzer	3							
B Anzahl Hölzer	4							

3 Würfelbauten

An Würfelbauten findet man Gesetzmässigkeiten, wenn man die Anzahl der Würfel zählt; oder die verdeckten Quadrate; oder die sichtbaren Quadrate.

Ergänze bei den folgenden Aufgaben Zahlen und Figuren. Beschreibe Gesetzmässigkeiten mit Worten und erkläre sie an den Bauten oder an Skizzen. Suche Terme und erkläre sie.

3.1

Anzahl Glieder	1		2		3		x
A Anzahl Würfel	4		7				
		(+3)		(+ …)			
B Sichtbare Quadrate (vorne, hinten, seitlich, oben)	15		25				
		(+10)		(+ …)			
C Verdeckte Quadrate (unten und im Inneren)	9		17				
		(+8)		(+ …)			$8 \cdot x + 1$

3.2

Anzahl Glieder	1		2		3		x
A Anzahl Würfel	5						
		(+3)		(+ …)			
B Sichtbare Quadrate (vorne, hinten, seitlich, oben)	19						
		(+10)		(+ …)			
C Verdeckte Quadrate (unten und im Inneren)	11						
		(+8)		(+ …)			

3.3

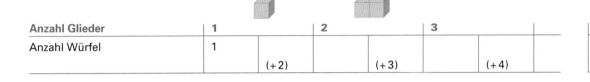

Anzahl Glieder		1		2		3		x
Anzahl Würfel	1							
		(+3)		(+5)		(+7)		

3.4

Anzahl Glieder		1		2		3		x
Anzahl Würfel	1							
		(+2)		(+3)		(+4)		

1   **Rechne möglichst geschickt.**

A   12 + 41 + 8 =

B   65 + 37 + 35 + 63 =

C   123 + 69 + 17 =

D   451 + 887 + 449 =

E   Erfinde weitere solche Aufgaben und gib sie andern zu lösen.

2   **Schreibe die Rechnungen ohne Klammern. Rechne möglichst geschickt.**

2.1   A   8 + (15 + 25)

B   (8 + 15) + 25

C   3 + (4 – 2)

D   (3 + 4) – 2

2.2   A   147 + (153 + 9)

B   (147 + 153) + 9

C   17 + (12 – 12)

D   (17 + 12) – 12

2.3   A   (12 + (34 + 6)) + 18

B   ((12 + 34) + 6) + 18

C   12 + (34 + (6 + 18))

2.4   A   8 – (3 + 2)

B   (8 – 3) + 2

C   8 – (3 – 2)

D   (8 – 3) – 2

2.5 A $145 - (37 + 23)$

B $(145 - 37) + 23$

C $145 - (37 - 23)$

D $(145 - 37) - 23$

2.6 A $20 - (7 - 4 - 3)$

B $20 - (7 - 4) - 3$

C $20 - 7 - (4 - 3)$

D $(20 - 7) - 4 - 3$

3 **Berechne zuerst im Kopf, kontrolliere mit dem Rechner.**

3.1 A $5 \cdot 4 + 5 \cdot 3$
B $(5 \cdot 4) + (5 \cdot 3)$
C $(5 \cdot 4 + 5) \cdot 3$

3.2 A $5 + 4 \cdot 3$
B $5 + (4 \cdot 3)$
C $(5 + 4) \cdot 3$

3.3 A $8 + 18 : 2$
B $8 + (18 : 2)$
C $(8 + 18) : 2$

3.4 A $5 \cdot 9 + 6 : 3$
B $5 \cdot (9 + 6) : 3$
C $(5 \cdot 9 + 6) : 3$

4 **Berechne und ordne die Resultate der Grösse nach.**

4.1 A $120 - 60 + 30 : 15 \cdot 3$

B $120 - (60 + 30) : 15 \cdot 3$

C $120 - 60 + (30 : 15) \cdot 3$

D $120 - (60 + 30) : (15 \cdot 3)$

E $(120 - 60) + (30 : 15) \cdot 3$

F $(120 - (60 + 30)) : 15 \cdot 3$

G $((120 - 60) + 30) : 15 \cdot 3$

H $(120 - (60 + (30 : 15))) \cdot 3$

I $120 - ((60 + 30) : (15 \cdot 3))$

4.2 **A** $96 + 192 - 48 \cdot 4 : 2$

B $96 + 192 - (48 \cdot 4) : 2$

C $96 + (192 - (48 \cdot 4)) : 2$

D $96 + (192 - 48) \cdot 4 : 2$

E $96 + 192 - 48 \cdot (4 : 2)$

F $(96 + (192 - 48)) \cdot 4 : 2$

G $96 + 192 - (48 \cdot (4 : 2))$

H $96 + (192 - (48 \cdot (4 : 2)))$

I $(((96 + 192) - 48) \cdot 4) : 2$

---

5 **Addiere möglichst geschickt.**

Beispiel: $428 + 379 = (428 - 21) + (379 + 21) = 407 + 400 = 807$

A $537 + 498$

B $304 + 674$

C $189 + 754$

D $265 + 235$

E $2\,899 + 4\,645$

F Begründe in eigenen Worten, warum das funktioniert.

G Erfinde eigene Additionen und gib sie andern zu lösen.

---

6 **Subtrahiere möglichst geschickt.**

Beispiele: $524 - 267 = (524 - 24) - (267 - 24) = 500 - 243 = 257$

oder: $887 - 369 = (887 + 13) - (369 + 13) = 900 - 382 = 518$

A $596 - 227$

B $604 - 367$

C $917 - 139$

D $884 - 649$

E $4\,995 - 1\,468$

F Begründe mit Hilfe des Zahlenstrahls, warum das funktioniert.

G Erfinde eigene Subtraktionen und gib sie andern zu lösen.

7 Umformungen

Der Zahlenterm unter der Spalte A wurde dreimal zu B, C, D umgeformt. Eine Umformung ist jeweils falsch.
Finde den Fehler.

A $25 + 20 - 2 - 4$
$25 + 20 - (2 + 4)$
$25 - (20 + 2 - 4)$
$25 + (20 - 2) - 4$
$25 \cdot 20 : 4 \cdot 2$
$25 \cdot (20 - 12 + 4)$
$(25 \cdot 20) - 4 + 2$

B $= 25 + 2 - 4 - 20$
$= 25 + 20 - (4 + 2)$
$= 25 - (20 - 4 + 2)$
$= 25 + 18 - 4$
$= 25 \cdot 20 : (4 \cdot 2)$
$= 25 \cdot (4 + 20 - 12)$
$= (25 \cdot 20) - (4 - 2)$

C $= 25 + 20 - 4 - 2$
$= (25 + 20) - 2 + 4$
$= 25 - (20 - 4) - 2$
$= 25 + 20 - (2 - 4)$
$= 20 : 4 \cdot 25 \cdot 2$
$= (25 \cdot 24) - (25 \cdot 12)$
$= 25 \cdot 20 - 4 + 2$

D $= 20 - 2 + 25 - 4$
$= 25 + (20 - 2) - 4$
$= 25 - 20 + 2 - 4$
$= (25 + 20) - 4 - 2$
$= 25 \cdot 20 \cdot \frac{1}{4} \cdot 2$
$= (25 \cdot 20) - (25 \cdot 16)$
$= 25 \cdot (20 - 4) + 2$

8 Wer erreicht das grösste Resultat?

Gegeben ist der Term: $e \cdot (f \cdot (2 \cdot a + b) + 120 : c - d)$

A Spielt mindestens zu dritt. Jemand wirft einen Spielwürfel. Alle Mitspielenden entscheiden für sich, welche Variable im Term durch die gewürfelte Augenzahl ersetzt werden soll. Es wird weiter gewürfelt, bis sämtliche Variablen durch Zahlen ersetzt sind. Dann berechnen alle Mitspielenden jeweils den Wert ihres Terms. Wer erreicht das grösste Resultat?

B Spielt das Spiel mit der Frage: «Wer erreicht das kleinste Resultat?»

9 Viele Summanden – Grosse Summen geschickt berechnen

Beispiel:

$1 + 2 + 3 + \ldots + 10 = (1 + 10) + (2 + 9) + (3 + 8) + (4 + 7) + (5 + 6) = 5 \cdot 11 = 55$

Berechne ebenso:

A $1 + 2 + 3 + \ldots + 20 = (1 + 20) + \ldots$

B $1 + 2 + 3 + \ldots + 100 = (1 + 100) + \ldots$

C $1 + 2 + 3 + \ldots + 200 = (1 + 200) + \ldots$

D $1 + 2 + 3 + \ldots + 1\,000$

E $1 + 2 + 3 + \ldots + 2\,000$

1 Flächenmasse

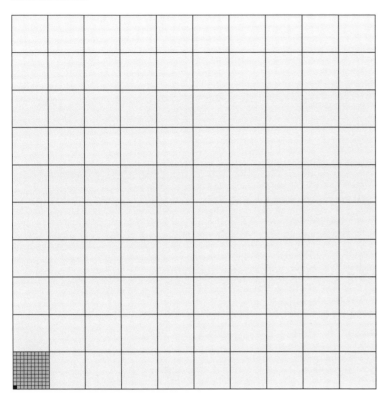

$1\ mm^2 = 1\ mm \cdot 1\ mm$

$1\ cm^2 = 1\ cm \cdot 1cm = 10\ mm \cdot 10\ mm = 100\ mm^2$

$1\ dm^2 = 1\ dm \cdot 1dm = 10\ cm \cdot 10\ cm = 100\ cm^2$

$1\ m^2 = 1\ m \cdot 1\ m = 10\ dm \cdot 10\ dm = 100\ dm^2$

$1\ a = 10\ m \cdot 10\ m = 100\ m^2$

$1\ ha = 100\ m \cdot 100\ m = 10\ 000\ m^2 = 100\ a$

$1\ km^2 = 1\ 000\ m \cdot 1\ 000\ m = 1\ 000\ 000\ m^2 = 100\ ha$

a: Are, ha: Hektare, «hecto» bedeutet 100

1.1 Markiere jeweils die Flächen, die etwa der angegebenen Grösse entsprechen könnten.

Notiere weitere Flächen mit der entsprechenden Grösse.

A   *1 mm²:* Öffnung eines Trinkhalms, Fingernagel, Buchdeckel, mit einem Filzstift gezeichneter Punkt

B   *1 cm²:* Öffnung eines Trinkhalms, Fingernagel, Buchdeckel, Zeichnung, eine Fläche eines Spielwürfels

C   *1 dm²:* Fingernagel, Handfläche, Buchdeckel, eine Zeichnung, ein Badetuch, Abwicklung einer Schuhschachtel

D   *1 m²:* ein Buchdeckel, ein Bild, ein Badetuch, die Oberfläche einer Schuhschachtel, Tischblatt, ein Garten, alle Seiten eines Buches

E   *1 a:* ein Bild im Wohnzimmer, ein Garten, ein Schulzimmer, eine Viehweide, Oberfläche einer grossen Schachtel, alle Fensterflächen eines Einfamilienhauses, ein kleiner See, alle Seiten eines Buches

F   *1 ha:* ein Fussballstadion, die Wohnfläche eines Hauses, ein Schulhausareal, die gesamte Fläche eines Dorfes, ein kleiner See

G   *1 km²:* ein Fussballstadion, ein Schulhausareal, die gesamte Fläche eines Dorfes, ein kleiner See, ein Einkaufsladen

---

1.2 Fülle die Lücken.

A _____ ha = 0.1 a = _____ m²   B _____ m² = 0.1 dm² = _____ cm²

C _____ a = 1 m² = _____ dm²   D _____ m² = 1 dm² = _____ cm²

E _____ km² = 10 ha = _____ a   F _____ dm² = 10 cm² = _____ mm²

G _____ a = 100 m² = _____ dm²   H _____ m² = 100 dm² = _____ cm²

1.3 Erfinde selbst Aufgaben wie bei 1.2 und tausche sie mit andern aus. Kontrolliert gemeinsam.

2 Quader

2.1 Berechne die Oberflächen folgender Quader. Gib die Resultate immer in zwei verschiedenen Massen an (z. B. cm² und dm²).

A $x = 10$ cm	$y = 10$ cm	$z = 10$ cm
B $x = 1$ dm	$y = 1$ dm	$z = 1$ dm
C $x = 0.1$ m	$y = 0.1$ m	$z = 0.1$ m
D $x = 20$ cm	$y = 10$ cm	$z = 10$ cm
E $x = 40$ cm	$y = 10$ cm	$z = 10$ cm
F $x = 80$ cm	$y = 20$ cm	$z = 10$ cm

2.2 Finde die Höhe z der folgenden Quader.

A $x = 1$ dm	$y = 2$ dm	Die Mantelfläche ist 6 dm².
B $x = 1$ dm	$y = 2$ dm	Die Mantelfläche ist 12 dm².
C $x = 20$ cm	$y = 20$ cm	Die Mantelfläche ist 12 dm².

2.3 Für diese Aufgabe brauchst du eine oder mehrere Getränkeverpackungen aus Karton.

A Berechne die Oberfläche.

B Öffne die Klebstellen der Verpackung und lege sie flach aus. Berechne die Fläche erneut. Vergleiche.

C Nimm an, mit einer Rolle kann man 100 000 solche Verpackungen herstellen. Wie lang und wie breit kann eine solche Rolle sein?

3 Aus der Geografie

3.1 Wie viele Fussballfelder von 100 m Länge und 60 m Breite würden benötigt, um die angegebenen Flächen zu bedecken?

A Der Pantanalsumpf in Brasilien ist mit über 100 000 km² gut doppelt so gross wie die Schweiz.

B Das grösste Weltmeer, der Pazifik, bedeckt 166 000 000 km².

C Der grösste von einem Meteoriten gebildete Krater befindet sich in Arizona, USA, und misst 1.2 km².

D Das grösste künstliche Schwimmbecken der Welt ist in Puerto Rico und hat eine Fläche von 180 a.

E Der Kaiserpalast in Peking hat eine Fläche von 72 ha.

3.2 Die wichtigsten Schweizer Flüsse und die Fläche ihrer Einzugsgebiete (auf Schweizer Boden)

Rhein: 28 000 km²

Aare: 17 800 km²

Rhone: 6 900 km²

Reuss: 3 425 km²

Linth-Limmat: 2 400 km²

Ticino: 1 600 km²

Inn: 200 km²

A Stelle die Flächen grafisch dar. Wähle dazu auf kariertem Papier für 100 km² ein Häuschen.

B Die Schweiz hat eine Gesamtfläche von 41 300 km². Addiere die Flächen der Einzugsgebiete, vergleiche und begründe die Differenz.

1   Würfelabwicklungen

```
    ┌───┐
    │ 1 │
┌───┼───┼───┬───┐
│ 2 │ 3 │ 4 │ 5 │
└───┴───┴───┼───┤
            │ 6 │
            └───┘
```

1.1 Stell dir vor, du faltest das oben stehende Netz so zu einem Würfel, dass die Zahlen sichtbar bleiben.

    A Lege den Würfel jetzt in Gedanken so hin, dass die 4 oben und die 3 links liegt. Welche Zahl ist dann unten?
Wo liegt die 1, wo die 6?

    B Wo ist die 2 und wo die 1, wenn du den Würfel so hinlegst, dass die 6 oben und die 5 rechts liegt?

1.2 **A** Nimm das Würfelnetz I. Wähle eine Zahl. Sie bleibt am Boden liegen. Gefaltet wird «nach oben», d. h. die Zahlen
stehen jetzt im Innern des Würfels.
Welche Zahl ist oben? Welche hinten?

    B Arbeite wie bei Aufgabe A mit dem Würfelnetz II.

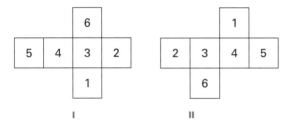

1.3 Nur zwei der gezeichneten Abwicklungen gehören zum selben Würfel. Finde sie.

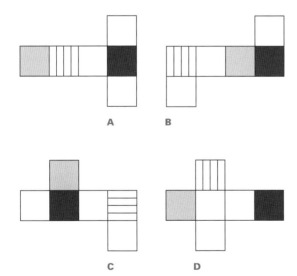

1.4 Welche der folgenden Figuren sind Würfelabwicklungen?

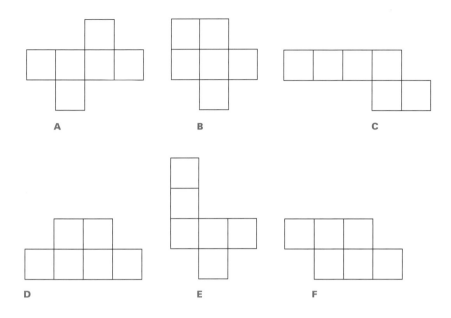

1.5 Die Abwicklung wird zu einem Würfel gefaltet. Markiere die Fläche, die dann der grauen Fläche gegenüberliegt.

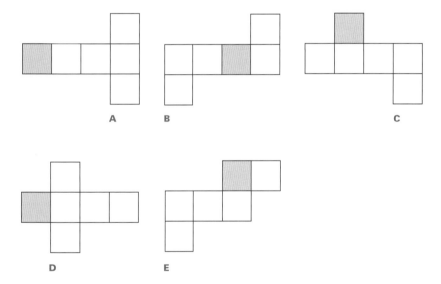

1.6 Das Netz wird zum Würfel zusammengesetzt. Welche andern Quadratecken bilden mit der markierten zusammen eine Würfelecke?

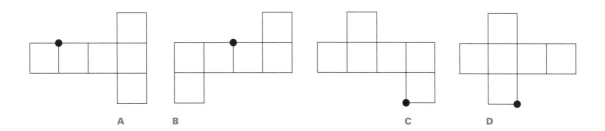

A   B   C   D

2 Ein Würfel im Kopf

2.1 Setz dich mit geschlossenen Augen ruhig und bequem hin. Denk dir einen Würfel. Bezeichne die Ecken folgendermassen:

unten: hinten links mit 1, vorne links mit 3, vorne rechts mit 7, hinten rechts mit 5

oben: hinten links mit 2, vorne links mit 4, vorne rechts mit 8, hinten rechts mit 6

  A Welche Ecken sind Nachbarn von 1? Welche Ecke ist am weitesten von 2 entfernt?

  B Welche Ecken sind Nachbarn von 6, welche liegt am weitesten von 6 weg?

  C In welcher Richtung verlaufen die Kanten 3–7, 6–2, 4–3?

  D In welcher Richtung verlaufen die Verbindungen 3–2, 4–5, 5–6, 1–8?

  E Wie ist die Fläche hinten, wie die rechte Seitenfläche angeschrieben?

2.2 Kippe den Würfel unten in Gedanken um die hintere untere Kante EF um 90⁰ nach hinten.

  A Wie sind die Ecken in der neuen Position auf der hinteren Seitenfläche angeschrieben?

  B Wie ist jene Fläche bezeichnet, die nun unten ist?

  C Wie ist die Fläche bezeichnet, die jetzt oben ist?

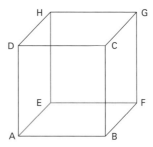

2.3 Ein Käfer macht einen Spaziergang aussen auf den Kanten des Würfels in Aufgabe 2.2. Er startet immer in der Ecke A. In jeder Würfelecke kann er die Richtung ändern. Sie ist aus der Sicht des Käfers beschrieben.

  A Der Käfer bewegt sich nach oben, nach rechts, nach links, nochmals nach links, nach unten. In welcher Würfelecke befindet sich der Käfer jetzt?

  B Er geht nach rechts, nach links, nach oben, nach links. Wo ist der Käfer jetzt?

  C Der Käfer geht zuerst nach rechts, dann nach oben. Wie muss er weiterlaufen, wenn er jetzt auf möglichst kurzem Weg zur Ecke vorne unten rechts gelangen will?

  D Wie viele Kanten müssen mindestens durchlaufen werden, um von D nach F zu kommen?

    Wie lang ist der zweitkürzeste Weg?

    Wie lang ist der längste Weg, wenn der Käfer über keine Kante zweimal geht?

3 **Kippbewegungen mit dem Würfel (Partnerarbeit)**

Ein Spielwürfel wird in Gedanken auf einem Schachbrett gekippt.

Startposition: Fläche mit einem Auge links, Fläche mit zwei Augen vorne, Fläche mit drei Augen oben. Fläche 6 muss jetzt rechts liegen, 5 hinten und 4 unten.

Für die folgenden Aufgaben kannst du entweder ein Schrägbild des Würfels in Startposition vor dir haben, oder – und hier beginnt die hohe Kunst – es läuft alles bei geschlossenen Augen ab.

3.1 Person A gibt langsam einzelne Kippbewegungen vor, z. B. «Kippen nach vorne», und fragt dann nach der Augenzahl oben oder hinten oder … Sie darf die Bewegung mit dem Spielwürfel ausführen, damit keine Unklarheiten beim Beurteilen der Antworten auftreten.

Person B versucht die Bewegung im Kopf nachzuvollziehen und beantwortet die Fragen.

Dann werden die Rollen getauscht.

3.2 Person A führt zwei, eventuell drei Kippbewegungen hintereinander aus, z. B. v – r (kippen nach vorne, dann nach rechts) oder l – v oder h – r – v.

Person B beantwortet nun die Frage: «Welche Zahl ist jetzt oben?»

Anschliessend werden die Rollen getauscht.

1   **Quader bauen – Ein Spiel zu zweit**

Würfelt abwechslungsweise mit einem Spielwürfel und fügt die gewürfelte Anzahl Holzwürfel den vorhandenen Würfeln hinzu.

In jeder Spielrunde versucht ihr, aus allen vorhandenen Holzwürfeln einen Quader zu bilden.

Bei einem neu gebildeten Quader dürfen höchstens 7 Würfel aneinander gereiht werden.

Wer keinen solchen Quader bilden kann, muss passen, wie zum Beispiel Yvo mit seinen 11 Würfeln.

Das Spiel ist zu Ende, wenn mehr als 40 Würfel zu einem Quader zusammengefügt worden sind.

Es gewinnt, wer häufiger einen Quader bilden konnte.

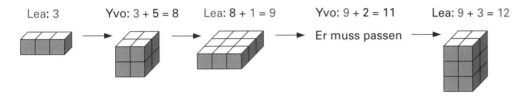

Lea: 3   Yvo: 3 + 5 = 8   Lea: 8 + 1 = 9   Yvo: 9 + 2 = 11   Lea: 9 + 3 = 12

Er muss passen

A   Spielt mehrmals und führt Protokoll über eure Spiele.

B   Mit 30 Würfeln kann man auf zwei verschiedene Arten einen Quader bauen:

$5 \cdot 3 \cdot 2$ oder $6 \cdot 5 \cdot 1$. In euren Spielen sind wahrscheinlich noch andere solche Beispiele vorgekommen.

Notiert sie.

2   **Sich Raummasse vorstellen**

2.1   A   Markiere die Objekte, die etwa $1\ mm^3$ gross sein können.

Bleistiftspitze, Radiergummi, Stecknadelkopf, Wassertropfen,

Briefmarke, Staubkorn, Sandkorn.

B   Suche weitere Objekte, die etwa $1\ mm^3$ gross sein können.

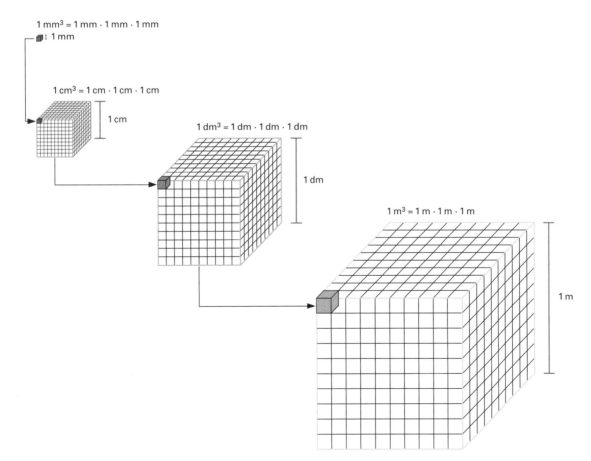

$1\ mm^3 = 1\ mm \cdot 1\ mm \cdot 1\ mm$

$1\ mm$

$1\ cm^3 = 1\ cm \cdot 1\ cm \cdot 1\ cm$

$1\ cm$

$1\ dm^3 = 1\ dm \cdot 1\ dm \cdot 1\ dm$

$1\ dm$

$1\ m^3 = 1\ m \cdot 1\ m \cdot 1\ m$

$1\ m$

2.2 **A** Markiere die Objekte, die etwa 1 cm³ gross sein können.

Radiergummi, Stecknadelkopf, Wassertropfen, Briefmarke, Himbeere, Espresso-Tasse, Fingerhut, Spielwürfel

B Suche weitere Objekte, die etwa 1 cm³ gross sein können.

2.3 **A** Markiere die Objekte, die etwa 1 dm³ gross sein können.

Tomate, Melone, Buch, Spielwürfel, Schrank, Mensch, 1 l Milch, Badewanne, Blumentopf

B Suche weitere Objekte, die etwa 1 dm³ gross sein können.

2.4 **A** Markiere die Objekte, die etwa 1 m³ gross sein können.

Stier, Auto, Mensch, Milchkanne, Badewanne, Schrank, Baumstamm

B Suche weitere Objekte, die etwa 1 m³ gross sein können.

2.5 Ergänze.

A 1 m³ enthält _____ dm³   **B** 1 dm³ enthält _____ cm³

C 1 m³ enthält _____ cm³   **D** 1 dm³ enthält _____ mm³

2.6 Ergänze.

A _____ mm³ = 1 cm³ = _____ dm³

B 1 _____ mm³ = _____ cm³ = _____ dm³

C 1 _____ cm³ = _____ dm³ = _____ m³

D 100 _____ cm³ = _____ dm³ = _____ m³

E _____ cm³ = _____ dm³ = 0.1 m³

F 10 000 _____ mm³ = _____ cm³ = _____ dm³ = _____ m³

2.7 Bestimme die Kantenlänge des Würfels mit

A V = 1 cm³

B V = 1 000 cm³

C V = 1 000 000 cm³

2.8 Würfel

Vervollständige die Tabelle.

Kantenlänge in cm	1	2	3	4	5	6	7	8	9	10
S in cm²	6									
V in cm³	1									
V in dm³	0.001									1

2.9 Gib das Volumen in cm³ und in dm³ an.

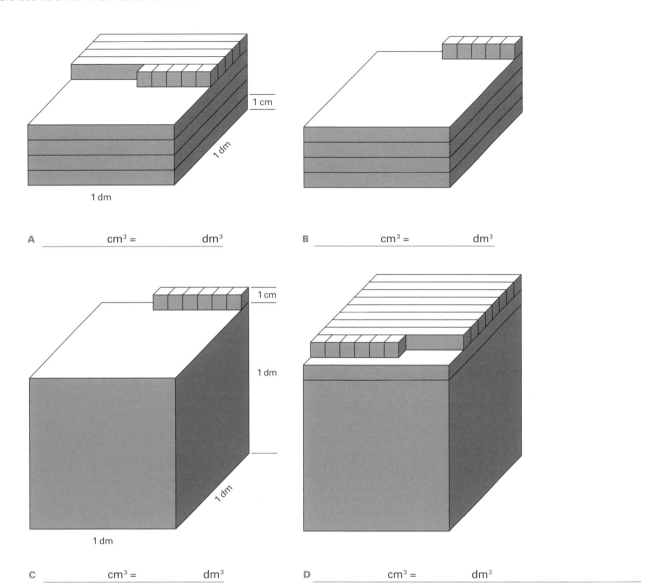

A _____ cm³ = _____ dm³

B _____ cm³ = _____ dm³

C _____ cm³ = _____ dm³

D _____ cm³ = _____ dm³

Mit Würfeln Quader bauen

3 **Volumen und Oberfläche von Quadern**

Vervollständige die Tabelle.

a, b, c [cm], ganzzahlig	S [cm²]	V [cm³]	mögl. Abwicklung (Skizze)	Skizze Raumbild
A a = 4 cm b = 2 cm c = 6 cm				
B a = b = c =		72	Skizziere auf einem Blatt und klebe es hier ein.	
C a = b = c =		72 (Es gibt mehrere Möglichkeiten.)		
D a = b = c = 8 cm				
E a = b = c =				

4 Zerlegen, zusammensetzen, abwickeln

4.1 Zerschneide einen Quader (a = 6 cm, b = 8 cm, c = 12 cm) mit drei Schnitten. Färbe die Schnittflächen.

A Es sollen vier gleiche Quader entstehen.

B Es sollen sechs gleiche Quader entstehen.

C Es sollen acht gleiche Quader entstehen.

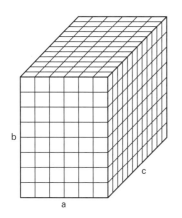 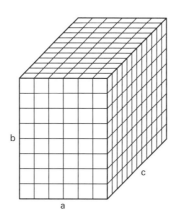 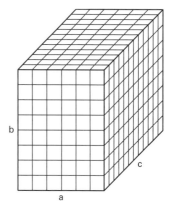

4.2 Würfel mit unterschiedlicher Kantenlänge sind aussen blau angemalt. Sie werden in kleine Würfel mit der Kantenlänge s = 2 cm zersägt. Vervollständige die Tabelle.

Kantenlänge [cm] / Anzahl Würfel s = 2 cm	mit drei blauen Flächen	mit zwei blauen Flächen	mit einer blauen Fläche	ohne blaue Fläche	Total
4	8	0			8
6					
8					
10					

4.3 Es gibt insgesamt elf verschiedene Netze des Würfels.

A Zeichne auf Papier ein Würfelnetz, schneide es aus und falte den Würfel.

B Zeichne mindestens vier weitere Netze.

C Färbe bei mindestens zwei Netzen gegenüberliegende Flächen des Würfels jeweils gleich.

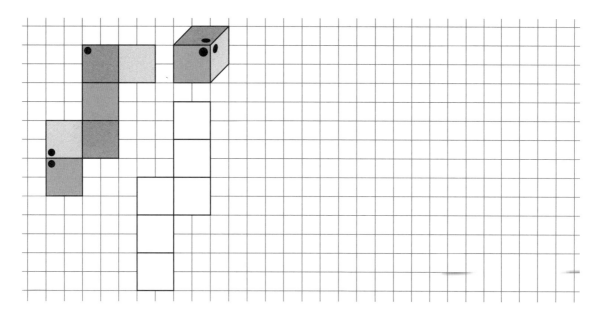

5 Ohne Worte

5.1 V = 60 cm³

a	b	c	V
2 cm	10 cm	3 cm	60 cm³

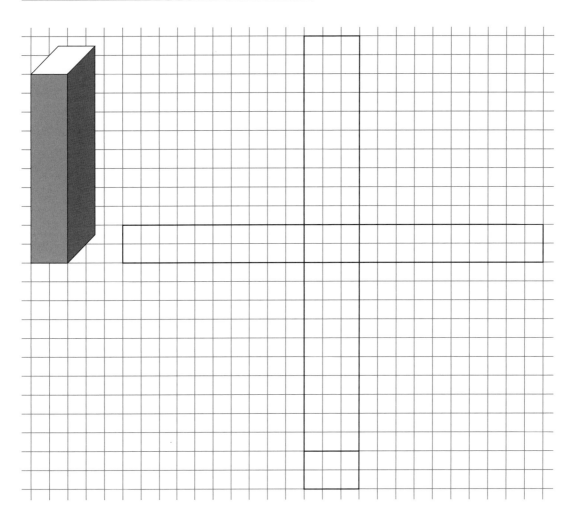

5.2

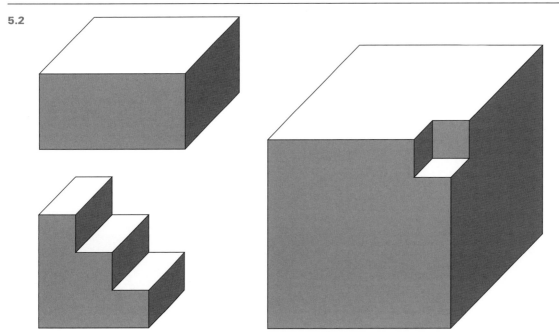

1 Boxenanordnung und Tabelle

1.1 Boxen füllen

Fülle die Boxen nach folgenden Regeln:

1. Beidseits des Gleichheitszeichens liegen gleich viele Hölzer.
2. In Boxen gleicher Farbe liegen jeweils gleich viele Hölzer.

Suche verschiedene Lösungen und notiere sie in der Tabelle.

Beispiel:

$$2 \cdot x = y + 2$$

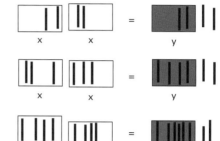

x	1	2	3	4	5	6	7
y	0	2	4	6	8	10	12

A

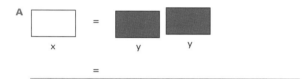

=

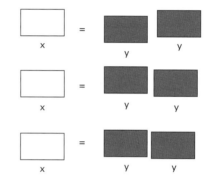

B

=

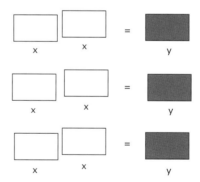

C

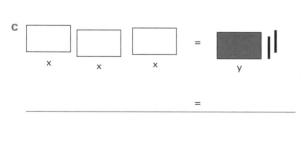

=

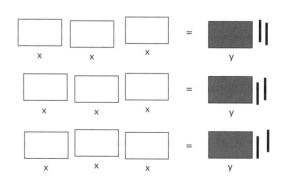

D Was stellst du bei dieser Aufgabe fest? Was ist anders als bei den vorherigen? Notiere deine Feststellungen.

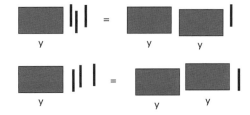

_____ = _____

1.2 Boxen knacken

Wie viel ist drin?

Es gilt: 1. Beidseits des Gleichheitszeichens liegen gleich viele Hölzer.

2. In Boxen mit gleichem Muster liegen jeweils gleich viele Hölzer.

Beispiel:

$y = 4$ In den Boxen liegen je vier Hölzer.

$2y + 1 \quad = \quad y + 5$

A

$x =$

=

B

$x =$

=

C

$y =$

=

D

x
y

=

E

x
y

=

F

$x =$

=

G Zwei Aufgabentypen: Einmal nur eine Sorte Boxen – das andere Mal zwei Sorten. Suche zuerst Lösungen. Beschreibe dann den Unterschied zwischen den beiden Aufgabentypen.

1.3 Welche Tabelle passt zu der Boxenanordnung? Jedes x und jedes dazugehörende y der Tabelle muss für die Boxenanordnung passen.

Beispiel

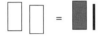

$2 \cdot x = y + 1$

x	1	2	3	4	5	6	7
y	3	4	5	6	7	8	9

x	1	2	3	4	5	6	7
y	1	3	5	7	9	11	13

x	2	4	6	8	10	12	14
y	1	2	3	4	5	6	7

A

=

_____

x	1	2	3	4	5	6	7
y	2	4	6	8	10	12	14

x	1	2	3	4	5	6	7
y	1	3	5	7	9	11	13

x	2	4	6	8	10	12	14
y	1	2	3	4	5	6	7

B

=

_____

x	1	2	3	4	5	6	7
y	3	4	5	6	7	8	9

x	1	2	3	4	5	6	7
y	1	3	5	7	9	11	13

x	2	4	6	8	10	12	14
y	1	2	3	4	5	6	7

C

=

_____

x	1	2	3	4	5	6	7
y	3	4	5	6	7	8	9

x	1	2	3	4	5	6	7
y	1	3	5	7	9	11	13

x	2	4	6	8	10	12	14
y	1	2	3	4	5	6	7

2 Text, Tabelle, Boxenanordnung und Gleichung

   2.1 **A** Notiere die Lösungen in einer Tabelle.

   B Zeichne eine mögliche Boxenanordnung und schreibe die Gleichung dazu.

   Beispiel:

   In einer hellen Box hat es fünf Hölzer mehr als in einer dunklen.

x	5	6	7	8	9	10
y	0	1	2	3	4	5

$$x = y + 5$$

I In einer hellen Box hat es zwei Hölzer mehr als in einer dunklen.

II In einer hellen Box hat es zwei Hölzer weniger als in einer dunklen.

III In einer dunklen Box hat es dreimal so viele Hölzer wie in einer hellen.

IV In einer hellen Box hat es dreimal so viele Hölzer wie in einer dunklen.

2.2 Welche Texte passen zu welcher Tabelle? Verbinde mit einem Strich. Zeichne eine mögliche Boxenanordnung.

Anzahl Hölzer in einer hellen Box: x

Anzahl Hölzer in einer dunklen Box: y

In einer dunklen Box liegt ein Holz mehr als in einer hellen.

x	2	4	6	8	10	12
y	1	2	3	4	5	6

In einer hellen Box liegen drei Hölzer mehr als in einer dunklen.

x	1	2	3	4	5	6
y	2	3	4	5	6	7

In einer hellen Box hat es doppelt so viele Hölzer wie in einer dunklen.

x	1	2	3	4	5	6
y	9	8	7	6	5	4

In einer hellen Box und in einer dunklen hat es im Ganzen zehn Hölzer.

x	1	2	3	4	5	6
y	2	4	6	8	10	12

In zwei hellen Boxen hat es gleich viele Hölzer wie in einer dunklen.

x	1	2	3	4	5	6
y	5	5	5	5	5	5

In einer hellen Box sind fünf Hölzer weniger als in einer hellen und in einer dunklen Box zusammen.

x	4	5	6	7	8	9
y	1	2	3	4	5	6

---

3 **Text, Gleichung, Boxenanordnung und Tabelle**

3.1 Jeweils ein Text, eine Tabelle, eine Boxenanordnung und eine Gleichung gehören zusammen.
Verbinde, was zusammengehört, mit einem Strich.

In einer hellen Box liegen zwei Hölzer mehr als in einer dunklen.

$x = 3 \cdot y$

x	3	4	5	6	7	8
y	1	2	3	4	5	6

In einer hellen Box hat es dreimal so viele Hölzer wie in einer dunklen.

$x + y = 8$

x	0	1	2	3	4	5
y	8	7	6	5	4	3

In einer hellen und in einer dunklen Box hat es zusammen acht Hölzer.

$x = y + 2$

x	3	6	9	12	15	18
y	1	2	3	4	5	6

3.2 Färbe passende Felder mit der gleichen Farbe.

Anzahl Hölzer in einer hellen Box: x

Anzahl Hölzer in einer dunklen Box: y

Figur	Gleichung	Tabelle	Text
☐☐☐ = ‖‖ ▮	$2 \cdot x + 3 = y$	x: 1 2 3 4 / y: 3 6 9 12	In drei hellen Boxen liegen zusammen drei Hölzer mehr als in einer dunklen.
☐☐☐ = ▮	$3 \cdot x = y$	x: 1 2 3 4 / y: 5 7 9 11	In einer hellen Box liegen gleich viele Hölzer wie in zwei dunklen zusammen.
☐☐‖‖ = ▮	$3 \cdot x = y + 3$	x: 1 2 3 4 / y: 0 3 6 9	In einer dunklen Box liegen drei Hölzer mehr als in zwei hellen Boxen zusammen.
☐‖‖ = ▮▮▮	$x = 2 \cdot y$	x: 2 4 6 8 / y: 1 2 3 4	In drei dunklen Boxen liegen zusammen drei Hölzer mehr als in einer hellen Box.
☐ = ▮▮	$x + 3 = 3 \cdot y$	x: 0 3 6 9 / y: 1 2 3 4	In einer dunklen Box hat es dreimal so viele Hölzer wie in einer hellen.

3.3 Ergänze.

Anzahl Hölzer in einer hellen Box: x

Anzahl Hölzer in einer dunklen Box: y

Figur	Gleichung	Tabelle	Text
☐☐ = ‖‖ ▮		x: 2 3 4 5 / y: 1 3 5 7	In zwei hellen Boxen liegen zusammen drei Hölzer mehr als in einer dunklen.
	$2 \cdot x = y$	x: / y:	In zwei hellen Boxen liegen gleich viele Hölzer wie in einer dunklen.
		x: 1 2 3 4 / y: 0 3 6 9	In einer dunklen Box liegen drei Hölzer weniger als in drei hellen Boxen zusammen.
		x: 1 2 3 4 / y: 4 5 6 7	
		x: / y:	In einer dunklen Box hat es halb so viele Hölzer wie in einer hellen.

1 Situationen einander zuordnen

1.1 **A** Die vier Anja-und-Marco-Situationen auf der Kopiervorlage unterscheiden sich in bestimmten Merkmalen. Entscheide, was zutrifft. Setze «Ja/Nein» in die Tabelle.

B Was fällt dir bei der Tabelle auf?

	Situation I	Situation II	Situation III	Situation IV
Die Summe der Anzahl Adressen ist zu Beginn bekannt.				
Das Verhältnis der Anzahl Adressen ist zu Beginn bekannt.				
Es werden Adressen zwischen Marco und Anja ausgetauscht.				
Es kommen neue Adressen von aussen dazu.				

1.2 In den folgenden Situationen treten andere Namen und andere Zahlen auf. Die Situationen sind aber gleich aufgebaut wie jene auf der Kopiervorlage. Ordne sie diesen zu.

	passt zur Situation
A Alex bedient dreimal so viele Adressen wie Anna. Anna übernimmt von Alex noch 120.	
B Bruno und Beni bedienen zusammen 200 Adressen. Bruno bekommt noch 10 dazu. Beni bekommt noch 40 dazu.	
C Cécile bedient eineinhalbmal so viele Adressen wie Claudia. Claudia bekommt noch 50 dazu.	
D Dodo und Dani bedienen zusammen 250 Adressen. Dodo gibt noch 35 an Dani ab.	
E Emil hat eineinhalbmal so viele Adressen wie Edi. Emil bekommt noch 10 dazu. Edi bekommt noch 40 dazu.	
F Fränzi und Frank bedienen zusammen 180 Adressen. Fränzi bekommt noch 10 dazu. Frank bekommt noch 40 dazu.	
G Giorgio hat halb so viele Adressen wie Gina. Giorgio bekommt von Gina noch 40.	
H Heidi und Henriette bedienen zusammen 240 Adressen. Henriette bekommt von Heidi noch 40.	

1.3 Jetzt geht es nicht mehr um Anzahlen von Adressen. Trotzdem lassen sich auch diese Situationen denjenigen auf der Kopiervorlage zuordnen. Zwei Jugendliche sind auf einer Tour. Beide tragen Rucksäcke.

	passt zur Situation
A Nicole trägt doppelt so viel wie Doris. Nach einer Weile gibt Nicole das 2 kg schwere Zelt an Doris ab.	
B Nach dem Packen tragen Ivo und Beat zusammen 13 kg. Beim Einkaufen packt Ivo noch $\frac{1}{2}$ kg Brot und $1\frac{1}{2}$ l Mineralwasser dazu. Beat nimmt noch 1 kg Äpfel.	
C Sandra und Domenico haben insgesamt 14 kg Traggewicht. Domenico übernimmt von Sandra noch 1 kg Material.	

An einer Schule hat es für die Mädchen eine Volleyball- und eine Basketballgruppe, für die Knaben eine Handball- und eine Fussballgruppe.

D Im Handball- und im Fussballteam sind zusammen 44 Knaben. Im neuen Quartal bekommt die Handballgruppe einen Zuwachs von neun Schülern, die Fussballgruppe aber nur einen Schüler mehr.	
E Am Volleyballspiel nehmen doppelt so viele Mädchen teil wie am Basketballspiel. Nun wechseln sieben Mädchen die Sportart.	

F Erkläre woran du erkennst, welche Beispiele gleich konstruiert sind.

---

2 **Situationen zeichnen**

2.1 Wähle aus den Situationen von 1.3 zwei aus und zeichne dazu je eine Skizze in das unten stehende Schema.

2.2 Tauscht die Skizzen aus und entscheidet, um welche Situationen es sich handelt.
Schreibt den zugehörigen Text ins Schema.

Situation von Aufgabe	**Text**		
Skizze	**Tabelle**		**Algebraisch**
	vorher	nachher	vorher Beziehung nachher

Situation von Aufgabe	**Text**		
Skizze	**Tabelle**		**Algebraisch**
	vorher	nachher	vorher Beziehung nachher

3 Situationen algebraisch darstellen und auswerten

3.1 A Fülle im Schema unter 2.2 zu beiden Situationen mögliche Zahlen in die Tabellen.
Überlege dir, welche Zahlen du frei wählen kannst und wie du die anderen ausrechnest.

B Schreibe jetzt die passenden Terme hin.

3.2 Die folgenden Situationen sind anders als die Anja-und-Marco-Situationen.

Eine der Situationen kann algebraisch so dargestellt werden:

Dachgeschoss: $x + 2$

1. Stock: $4 \cdot x$

Parterre: x

Total: $6 \cdot x + 2$

Übertrage die Darstellung ins entsprechende Feld.

Stelle auch die anderen Situationen algebraisch dar und suche mögliche Zahlen.

Text	Algebraische Darstellung	Mögliche Zahlen		
A In einem dreistöckigen Haus wohnen im Parterre doppelt so viele Leute wie im Dachgeschoss. Im 1. Stock wohnen dreimal so viele wie im Dachgeschoss.	Dachgeschoss 1. Stock Parterre Total	D 3 1. 9 P 6 Total 18	5 15 10 30	8 24 16 48
B In einem dreistöckigen Haus wohnen im 1. Stock vier Leute mehr als im Parterre. Im Dachgeschoss wohnen zwei Leute mehr als im Parterre.	Dachgeschoss 1. Stock Parterre Total			
C In einem dreistöckigen Haus wohnen im 1. Stock vier Leute mehr als im Parterre. Im Dachgeschoss wohnen doppelt so viele Leute wie im Parterre.	Dachgeschoss 1. Stock Parterre Total			
D In einem dreistöckigen Haus wohnen im ersten Stock viermal so viele Leute wie im Parterre. Im Dachgeschoss wohnen zwei Leute mehr als im Parterre.	Dachgeschoss 1. Stock Parterre Total			
E In einem dreistöckigen Haus wohnen im Parterre viermal so viele Leute wie im Dachgeschoss. Im 1. Stock wohnen dreimal so viele wie im Dachgeschoss.	Dachgeschoss 1. Stock Parterre Total			
F In einem dreistöckigen Haus wohnen im 1. Stock vier Leute mehr als im Parterre. Im Dachgeschoss wohnt eine Person mehr als im 1. Stock.	Dachgeschoss 1. Stock Parterre Total			

3.3 Suche für alle Häuser eine Lösung mit total 24 Bewohnerinnen und Bewohnern. In einem Fall gibt es keine Lösung.

3.4 Stelle auch diese Situationen algebraisch dar und suche mögliche Lösungen.

Drei Geschwister – Alois, Barbara und Cyril – verdienen in den Ferien mit Blumengiessen Sackgeld.

Gib zu den folgenden Situationen je drei mögliche Lösungen an.

	Alois	Barbara	Cyril
A Alois bekommt gleich viel wie Cyril. Barbara erhält doppelt so viel wie Cyril.			
B Alois bekommt doppelt so viel wie Cyril. Barbara erhält dreimal so viel wie Cyril.			
C Alois bekommt doppelt so viel wie Cyril. Barbara erhält halb so viel wie Cyril.			
D Alois bekommt gleich viel wie Cyril. Barbara erhält 12 Fr. mehr.			
E Alois erhält 10 Fr. mehr als Barbara. Cyril erhält 5 Fr. mehr als Barbara.			
F Alois erhält 10 Fr. weniger als Barbara. Cyril erhält 5 Fr. weniger als Barbara.			

G Zusatzinformation: Die drei Geschwister haben zusammen 84 Fr. verdient.

Jetzt hat jede der Situationen A bis F noch genau eine Lösung.

1   Quadrat, Kubik, Potenz

Man gibt die Fläche einer Figur in einem Flächenmass, z. B. in Quadratdezimetern (dm^2), an. Volumen von Körpern gibt man in einem Raummass, z. B. in Kubikzentimetern (cm^3), an.

5^2 wird meistens als «5 Quadrat» und nicht als «5 hoch 2» gesprochen. Beide Sprechweisen sind aber richtig.

5^3 liest man meistens als «5 hoch 3». Für den Exponenten 3 gibt es auch die Sprechweise «Kubik». Das Raummass m^3 nennt man «Kubikmeter».

1.1   Lies und berechne

A $2^2 =$ \underline{\hspace{3cm}} $3^2 =$ \underline{\hspace{3cm}} $4^2 =$ \underline{\hspace{3cm}} $5^2 =$ \underline{\hspace{3cm}} $10^2 =$ \underline{\hspace{3cm}}

B $2^3 =$ \underline{\hspace{3cm}} $3^3 =$ \underline{\hspace{3cm}} $4^3 =$ \underline{\hspace{3cm}} $5^3 =$ \underline{\hspace{3cm}} $10^3 =$ \underline{\hspace{3cm}}

1.2   Welche Flächenmasse kennst du?

1.3   Berechne die Flächen der beiden Quadrate.

s = 2 cm
s = 2 cm

s = 15 mm
s = 15 mm

1.4   Kubikdezimeter (dm^3) ist ein Raummass. Welche weiteren Raummasse kennst du?

1.5   Berechne das Volumen eines Würfels mit

A   s = 2 cm   B   s = 20 mm   C   s = 4 cm   D   s = 40 mm

2   Potenzen berechnen

2.1   A $4^2 = 4 \cdot 4 =$ \underline{\hspace{2cm}} $2^4 = 2 \cdot \ldots$ \underline{\hspace{1cm}} $=$ \underline{\hspace{1cm}} $4^3 =$ \underline{\hspace{2cm}} $3^4 =$ \underline{\hspace{2cm}}

B $10^6 =$ \underline{\hspace{2cm}} $100^3 =$ \underline{\hspace{2cm}} $1\,000^2 =$ \underline{\hspace{2cm}} $100^4 =$ \underline{\hspace{2cm}}

C $3^x = 81$ $2^x = 64$ $10^x = 100\,000$ $4^x = 1\,024$

   x =   x =   x =   x =

2.2   Schreibe jeden Term als Potenz.

A $3 \cdot 3 = 3^2$ $3 \cdot 3 \cdot 3 =$ $(3 \cdot 3) \cdot 3 =$ $3 \cdot 3 \cdot 3 \cdot 3 \cdot 3 =$

B $4^2 \cdot 4 = 4 \cdot 4 \cdot 4 = 4^3$ $4^2 \cdot 4 \cdot 4 =$ $4^2 \cdot 4^2 =$ $4^2 \cdot 4^3 =$

C $5^3 : 5 = 5 \cdot 5 \cdot 5 : 5 = 5^2$ $5^2 : 5 =$ $5^4 : 5 : 5 =$ $5^4 : 5 \cdot 5 =$

3 **Damit beschäftigte sich schon Grossvater ...**

3.1 Grosseltern sind Vorfahren der 2. Generation, Urgrosseltern der 3. Generation.

   A Wie viele Urgrosseltern hast du?

   B Wie viele Vorfahren der 8. Generation hast du?

   C Wie viele Vorfahren der 12. Generation hast du?

   D In Wirklichkeit sind die Vorfahren der 12. Generation wohl weniger zahlreich. Weshalb wohl?

3.2 Folgende Aufgabe stammt aus dem Ägypten der Pharaonen (ca. 1 500 v. Chr.). Nicht umsonst wurden die Katzen dort als heilig verehrt ...

7 Familien haben je 7 Katzen, von denen jede im Tag 7 Mäuse verzehrt. Jede Maus frisst im Tag 7 Ähren, aus jeder Ähre entstehen 7 Löffel Getreide. Wie viel Getreide retten die Katzen in einem Tag?

3.3 Auf einem Teich wächst eines Tages eine Seerose. Nach einer Woche sind es zwei, nach zwei Wochen vier, dann acht und so weiter. Nach elf Wochen ist der Teich zur Hälfte mit Seerosen bedeckt.

   A Nach wie vielen Wochen ist der Teich vollständig zugedeckt?

   B Wie viele Seerosen sind auf dem zugedeckten Teich?

3.4 In 100 Harassen liegen je etwa 100 Äpfel zu durchschnittlich 100 Gramm. Wie schwer sind alle Äpfel zusammen?

3.5 Man könnte die Telefonkette für eine Klasse oder für ein Schulhaus nach der Idee des Kettenbriefs organisieren. Alle müssten dann z. B. zwei Kameradinnen oder Kameraden anrufen.

   A Nach wie vielen Reihen wäre deine ganze Klasse informiert?

   B Nach wie vielen Reihen wäre die ganze Schule informiert?

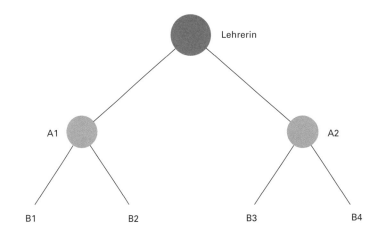

4 Rechengesetze

Auch zu den Potenzrechnungen gibt es Rechengesetze. Einige findest du sicher durch Überlegen.

Dabei hilft dir das Rechnen mit kleinen natürlichen Zahlen $\neq 1$ oft weiter.

4.1

$2 \cdot 2^3 = 2^4$ $3^4 \cdot 3 =$ $10^3 \cdot 10 = 10^{3+1} =$

$2^3 \cdot 2 =$ $4^2 \cdot 4 =$ $10^y \cdot 10 = 10^{y+1}$

$3^4 \cdot 3^2 = 3^6$ $5^4 \cdot 5^3 =$ $10^5 \cdot 10^2 = 10^{5+2} =$

$3^2 \cdot 3^4 =$ $2^3 \cdot 2^3 =$ $10^y \cdot 10^z = 10^{y+z}$

eigene Beispiele

$10^4 \cdot 10 =$

$10^7 \cdot 10 =$

$10^4 \cdot 10^3 =$

$10^2 \cdot 10^3 =$

4.2

$5^4 : 5 = 5^3$ $4^3 : 4 =$ $10^6 : 10 = 10^{6-1} =$

$5^2 : 5 = 5$ $4^2 : 4 =$ $10^4 : 10 =$

$5^4 : 5^3 = 5$ $4^3 : 4^2 =$ $10^6 : 10^5 = 10^{6-5} =$

$6^3 : 6^2 = 6$ $4^5 : 4^3 =$ $10^7 : 10^4 =$

eigene Beispiele

$10^6 : 10 =$

$10^2 : 10 =$

$10^4 : 10^3 =$

$10^5 : 10^2 =$

4.3

$6^2 + 6^2 = 2 \cdot 6^2$ $4^5 + 4^5 + 4^5 =$ $10^4 + 10^4 =$

$2^3 + 2^3 = 2 \cdot 2^3$ $5^2 + 2 \cdot 5^2 =$ $10^3 + 10^3 + 10^3 =$

$10^3 + 10^3 + 10^3 = 3 \cdot 10^3$

$10^3 + 10^3 =$

$10^4 + 10^4 + 10^4 =$

eigene Beispiele

4.4 Vergleiche die Terme, die untereinander stehen.

$2^3 + 3^3 =$	$3^2 + 5^2 =$	$100^2 + 10^2 =$
$5^3 =$	$8^2 =$	$110^2 =$

eigene Beispiele

	$10^3 + 1^3 =$
	$11^3 =$

4.5 Vergleiche die Terme, die untereinander stehen.

$3^2 + 3 =$	$2^3 + 2^2 =$	$10^4 + 10 =$
$3^3 =$	$2^5 =$	$10^5 =$

eigene Beispiele

	$10^2 + 10^2 \neq 10^4$
	$10^3 + 10 \neq 10^4$

5 **Terme mit Potenzen**

Beim Rechnen mit Potenzen dürfen wir die Hilfe einiger Regeln in Anspruch nehmen.

Es gilt für alle x:

$x^2 = x \cdot x$	$x^3 = x \cdot x \cdot x$	$x^4 = x \cdot x \cdot x \cdot x$	usw.	$x^1 = x$	$x^0 = 1$

5.1 A Weise die Regeln mit dem Taschenrechner nach. Rechne mit x = 3.

B Weise die Regeln mit dem Taschenrechner mit anderen Zahlen für x nach.

5.2 Vergleiche.

A 2^3 und 3^2 3^4 und 4^3 2^{10} und 10^2 5^{10} und 10^5

B 3^3 und 6^3 2^3 und 4^3 5^3 und 10^3 10^3 und 20^3

C $2 \cdot 3$ und 2^3 $3 \cdot 4$ und 3^4 $3 \cdot 2$ und 3^2 $4 \cdot 3$ und 4^3

5.3 A Gib die Anzahl Stellen genau an: 10^5 10^{12} 100^5 100^{12}

B Schätze die Anzahl Stellen: 3^3 3^6 3^{12} 3^{24} 3^{48}

5.4 Kennzeichne gleichwertige Terme.

$10 \cdot 10 + 10 + 10$	$2 \cdot 10^3 : 10$	$10 \cdot 10 \cdot 10$
10^3	$10^2 + 10^2$	10^0 $2 \cdot 10^3 - 10^3$
$10^3 : 10^3$	$10^2 \cdot 2$	$2 \cdot 10 \cdot 10$
$2 \cdot 10^2$	$10^3 - 10^3$	0

6 **Würfelspiel für 2–4 Spielende**

Material: 2 Spielwürfel, Spielmarken, Spielplan (siehe nächste Seite)

Alle Mitspielenden legen je eine Spielmarke auf den Start. Reihum wird mit zwei Würfeln gewürfelt. Wer würfelt, kann wählen, welche Augenzahl x und welche y bedeutet. Wenn die Bedingung im Feld erfüllt werden kann, darf man einen Pfeil wählen und zum nächsten Feld fahren. Wer zuerst das Ziel erreicht, gewinnt.

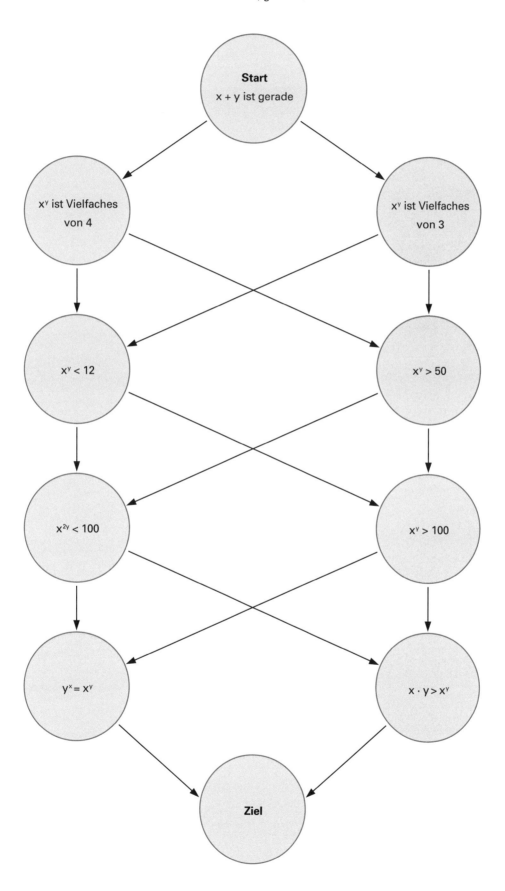

1 Härten von Snowboards vergleichen

1.1 Falls ihr weitere alte Snowboards besitzt, wiederholt die Versuche 1 bis 4 im *mathbu.ch 7*, Seite 38.
Stellt die Ergebnisse im gleichen Koordinatensystem mit verschiedenen Farben dar.

1.2 Vielleicht kannst du zu Hause den Versuch mit deinem Snowboard vorsichtig wiederholen.
Belaste dein Brett nur mit maximal 20 kg. Nimm das Diagramm mit in die Schule.

1.3 Überlege, womit man ähnliche Experimente anstellen könnte.

2 Rechtecke mit gleichem Flächeninhalt

2.1 Wiederhole die Aufgaben 7–9 aus dem *mathbu.ch 7*, Seite 39, mit Rechtecken, die immer 60 cm² (24 cm²) Fläche haben.
Wenn du dich sicher fühlst, kannst du diese Aufgabe auch nur noch rechnerisch bearbeiten.

Das Rechteck hat eine Fläche von 60 cm². Halte entsprechende Seitenlängen in der Tabelle fest.

Länge der Seite a in cm											
Länge der Seite b in cm											

Das Rechteck hat eine Fläche von 24 cm². Halte entsprechende Seitenlängen in der Tabelle fest.

Länge der Seite a in cm											
Länge der Seite b in cm											

Stelle Rechtecke mit einer Fläche von 60 cm² im Diagramm grafisch dar.

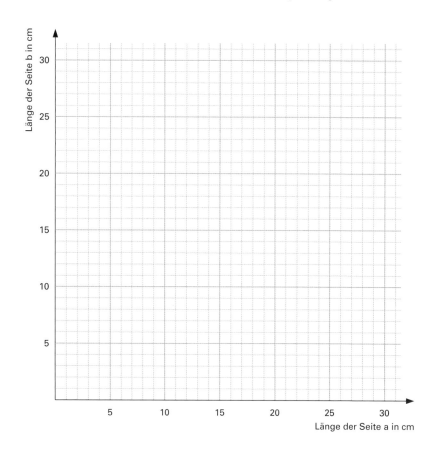

Stelle Rechtecke mit einer Fläche von 24 cm² im Diagramm grafisch dar.

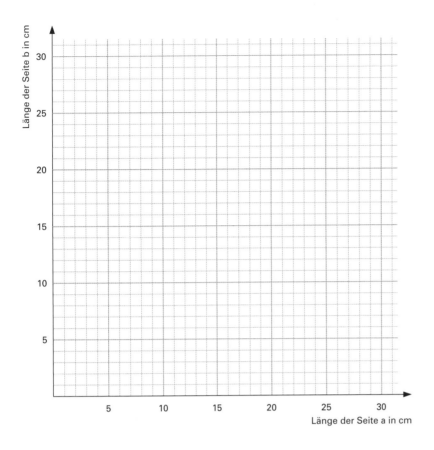

2.2 Welches der Rechtecke hat den grössten Umfang? Welches den kleinsten?

2.3 Welches Rechteck hat die kürzeste Diagonale? Welches die längste?

3   Vergleichen von proportionalen und umgekehrt proportionalen Zuordnungen

3.1 Vergleiche die beiden Zuordnungen im *mathbu.ch 7,* Seite 39, miteinander:

    A Gewicht auf dem Snowboard zu Biegung des Snowboards

    B Seite a des Rechtecks zu Seite b des Rechtecks

     Was ist gleich? Was ist anders?

     Wie erkennst du im Diagramm, ob ein Brett weich oder hart ist?

     Wie erkennst du im Diagramm die Fläche des Rechtecks?

3.2 **A** Suche zuerst die Wertetabellen mit proportionalen Zuordnungen. Stelle sie grafisch dar.

     Berechne die fehlenden Grössen.

    B Suche nun noch die Wertetabellen mit umgekehrt proportionalen Zuordnungen.

     Stelle sie grafisch dar. Berechne die fehlenden Grössen.

Tabelle 1

cm³	10	20	30		50	60	
g	5	10	15	20	25		35

Tabelle 2

m	5	10	15	20	30		60
m	24	12	8			3	

Tabelle 3

Anzahl	0	4	8	12	20	30	
g	0	8	16	24			100

Tabelle 4

h	0	1	1.5		4	5	
Fr.		20	30	60	80		120

Tabelle 5

Portionen	12	10	8	6	5	4	
kg	3	3.6	4.5	6		9	12

Tabelle 6

h	0	0.5	1	1.5	2	2.5	
km	0	2	4		8		14

Tabelle 7

m	0	1	2	3	4		6
m²	0	1	4	9		25	

Tabelle 8

Tage	0	5	10	15	20		30
Fr.	60	50	40	30		10	

Tabelle 9

h	1	1.2	1.6	2		3	4
km/h		20		12	10	8	6

c Bei der Tabelle 9 fährt jemand eine bestimmte Strecke mit verschiedenen Geschwindigkeiten.
  Wie lang ist die Strecke? Was bedeuten die Grössen?

d Zu welchen Tabellen passen diese Situationen?
  1. Ein Laib Käse ist 36 kg schwer. Er wird in gleich grosse Stücke geteilt.
  2. Ein Holzwürfelchen mit dem Volumen von 1 cm³ wiegt 0.5 g.
  3. Ein Fünfrappenstück wiegt 2 g.

e Gibt es Wertetabellen, die weder proportional noch umgekehrt proportional sind?
  Was könnten sie darstellen?

f Erfinde zu drei anderen Tabellen eine mögliche Situation.

4 **Experimente**

Halte die Ergebnisse von 4.1 bis 4.4 in den Wertetabellen fest. Stelle grafisch dar.

Untersuche, ob die Zuordnung proportional ist oder umgekehrt proportional.

4.1 **Gedankenexperiment**

Stelle dir eine 2.4 m lange Schnur vor. Du musst aus der Schnur gleich lange Stücke herstellen.

Berechne, wie viele Stücke es gibt, wenn ein Stück 120 cm, 60 cm usw. lang wäre.

Länge des Stücks in cm	120	60	30	10	5	2.5	1	0.01
Anzahl Stücke								

4.2 **Gewicht und Länge einer Schnur**

Material: Packschnur, bei der das Gewicht und die Länge angegeben sind; Laborwaage

A In der Tabelle ist das Gewicht von einem Stück Schnur angegeben. Berechne nun die Länge der Schnur zum passenden Gewicht.

B Überprüfe dein Ergebnis mit einer Waage.

Gewicht in g	10	2.5	2	1	0.5	0.25	0.1	0.01
Länge in m								

4.3 **Härte einer Schraubenfeder**

Material: Schraubenfeder, Gewichte, Massstab

Teste die Härte dieser Schraubenfeder. Gehe so vor:

– Hänge an die Feder zuerst einen Gewichtsstein und miss die Verlängerung a.

– Nimm den Gewichtsstein weg und kontrolliere, ob die Feder sich wieder ganz zusammenzieht.

– Hänge an die Feder zwei Gewichtssteine und miss die Verlängerung.

– Nimm die Gewichtssteine weg und kontrolliere, ob die Feder sich wieder ganz zusammenzieht.

– usw.

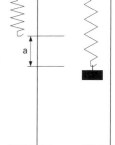

Gewicht in g					
Länge in cm					

5 **Zimmerwand tapezieren**

Eine Zimmerwand ist 9 m lang und 3 m hoch.

Sie kann mit ganz verschiedenen Tapeten beklebt werden.

Je nach Art und Muster der Tapete sind die Tapetenrollen verschieden breit.

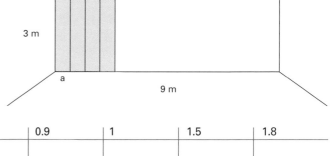

Breite der Tapetenstreifen a in m	0.5	0.6	0.9	1	1.5	1.8
Anzahl Streifen z						
Länge aller Tapetenstreifen c in m						

A Die Breiten der Tapetenstreifen in der Tabelle sind erfunden. Berechne die Werte in der Wertetabelle, die zu diesen Rollenbreiten passen würden. Untersuche die Zuordnungen: a zu z, a zu c und z zu c.

B Stelle die Zuordnungen grafisch dar. Welche sind proportional, welche umgekehrt proportional?

C Gib zu den Zuordnungen einen Term an, mit dem sich die zweite Grösse aus der ersten berechnen lässt.

D Eine Tapetenrolle ist nach Euro-Rollenmass 0.53 m breit und 10.05 m lang. Wie viele Rollen braucht es in Wirklichkeit für diese Fläche, wenn man die Tapete nur an der Längsseite zusammensetzen darf?

1 Dividieren

Dividiere im Kopf, schriftlich oder mit dem Taschenrechner.

$\frac{1}{1} = 1 : 1 = 1 = \frac{100}{100} = 100\,\%$

$\frac{1}{2} = 1 : 2 = 0,5 = \frac{50}{100} = 50\,\%$

$\frac{1}{3} =$

$\frac{1}{4} =$

$\frac{1}{5} =$

$\frac{1}{6} =$

$\frac{1}{7} =$

$\frac{1}{8} =$

$\frac{1}{9} =$

$\frac{1}{10} =$

$1 : 3 = 0.3333333\ldots = 0.\overline{3}$
10
 9
10
 9
10
 9
 1
$\ldots$

Der Strich über der 3 bedeutet, dass
sich die Zahl 3 unendlich oft wiederholt.
1 : 3 als Dezimalbruch dargestellt hört
nach dem Komma nie auf. Nach dem
Komma wiederholt sich die 3 immer wieder.
$\overline{3}$ heisst «Periode».

$1 : 6 = 0.1666666\ldots = 0.1\overline{6}$
10
 6
40
36
40
$\ldots$

Hier heisst die Periode $\overline{6}$.

$1 : 13 = 0.07692307\ldots = 0.\overline{076923}$
10
 0
100
 91
 90
 78
120
117
 30
 26
 40
 39
 10
 0
$\ldots$

Wie heisst hier die Periode?

2 Prozentscheibe einstellen

Beschrifte eine Rondelle deiner Prozentscheibe mit einer Prozentskala, wie sie die Abbildung zeigt. Verwende zum genauen Abtragen der Winkel dein Geodreieck.

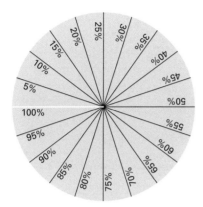

A Notiere einen Prozentanteil, z. B. 65 %. Stelle diesen Prozentanteil mit deiner Prozentscheibe dar.
Verwende dazu die Seite ohne Skala. Wenn du die Prozentscheibe jetzt umdrehst, kannst du deine Schätzung überprüfen. Übe das Einstellen der Prozentscheibe mit andern Prozentanteilen.
Wiederhole die Übung später mehrmals. Ihr könnt die Übung auch zu zweit durchführen.

B Stelle auf der unbeschrifteten Seite deiner Prozentscheibe einen Prozentanteil ein. Schätze und notiere die Prozentzahl. Wenn du die Prozentscheibe jetzt umdrehst, kannst du deine Schätzung überprüfen.
Übe das Schätzen von Prozentanteilen mit anderen Beispielen.
Wiederhole die Übung später mehrmals. Ihr könnt die Übung auch zu zweit durchführen.

3 Schreibweisen

Ergänze die fehlenden Angaben. Stelle weitere eigene Beispiele dar.

Darstellung	Bruch	Dezimalbruch	$\frac{...}{100}$	Prozent
	$\frac{1}{4}$			
		0.75		
			$\frac{80}{100}$	
				15 %
		0.5		
	$\frac{1}{5}$			

Darstellung	Bruch	Dezimalbruch	$\frac{\ldots}{100}$	Prozent
				60 %
	$\frac{2}{3}$			
			$\frac{30}{100}$	
	$\frac{1}{8}$			
	$\frac{7}{8}$			
				45 %
Darstellung	Bruch	Dezimalbruch	$\frac{\ldots}{100}$	Prozent

4 **Ordnung**

Ordne die Zahlen nach ihrer Grösse.

Beispiel: $\frac{2}{100}$ 0.2   2% $\frac{1}{2}$ 0.2% $\frac{1}{50}$ 20   0.02   2

Lösung: $20 > 2 > \frac{1}{2} > 0.2 > \frac{2}{100} = 2\% = \frac{1}{50} = 0.02 > 0.2\%$

A 25%   2.5 $\frac{50}{200}$ $\frac{50}{2}$ $\frac{1}{4}$ 0.25 $\frac{5}{20}$ 2.5%   0.0025

B 0.125 $\frac{25}{2}$ $\frac{125}{10\,000}$ $\frac{250}{200}$ $\frac{2}{16}$ 1.25%   125% $\frac{2}{8}$ $\frac{1}{8}\%$

C $\frac{6}{4}$ 0.666 $\frac{200}{300}$ 66% $\frac{2}{3}$ 66.6%   66.7%   0.6 $\frac{39}{60}$

D $\frac{25}{30}$ 84%   0.833 $\frac{83}{100}$ 8.3% $\frac{10}{12}$ 0.84% $\frac{1}{12}$

5 **Zuordnung**

Ordne den Grössen die entsprechenden Anteile in Prozenten zu und umgekehrt.

Beispiel:

Länge	16 m	8 m	1 m	10 cm				
Anteil in %	100%	50%	6.25%	0.625%				

A Masse	50 kg	20 kg	1 kg	3 kg	120 kg	20 g		
Anteil in %	100%						45%	0.7%

B Inhalt	800 ml	300 ml	1 l		1 ml	10 l		2.5 ml
Anteil in %	40%		100%			0.25%		

C Anteil in %	20%		4%					99.9%
Betrag	88 Fr.	100 Fr.	1 Fr.		20 Rp.	1 Rp.	255 Fr.	

1   Die Buchstaben a, e und n

A   «Mathematik» ist ein Wort mit 10 Buchstaben. Der Buchstabe «a» kommt in diesem Wort 2-mal vor.

2 von $10 = \frac{2}{10} = \frac{20}{100} = 0.20 = 20\%$

Vervollständige die Spalten «Prozentzahl» und «Bruch». Notiere in mindestens 10 Feldern ein zusätzliches, passendes Wort.

Prozentzahl	Bruch	a	e	n
0%		Prozentrechnen	Automobil	Goldfisch
10%	$\frac{1}{10}$	Radieschen	fleischlos	Radieschen
12.5%		Aprikose	Barbaren	Barbaren
16.$\overline{6}$%		Pflaumenbaum	Ratten	Ratten
20%	$\frac{1}{5}$	Mathematik	Kreuzotter	Kornblumen
		Tragbahren	Ratte	Nebensache
	$\frac{1}{4}$	Barbaren	Suppenteller	Windhund
30%		Zahlenpaar	Leseratten	Nasenlänge
33.$\overline{3}$%		Anakondas	Meeresarm	Sennenhut
	$\frac{3}{8}$	Alhambra	Betreuer	spinnend
40%		Ananassaft	Feuer	Tanne
50%		Saal	leeren	Tannen
	$\frac{3}{5}$	Aarau	Meere	Nonne
	$\frac{2}{3}$	Aas	See	Nonnen

B   Überlege dir, warum es kaum möglich sein wird, Wörter mit 70% «e» zu finden.

2   Schnellsprechen

Steve Woodmore (GB) hält den Weltrekord im Schnellsprechen (Stand 2000). Er schaffte 595 Wörter in 56.0 Sekunden.

A   Berechne, wie viele Wörter er pro Minute sprechen kann.

B   Zähle in einem Text 100 Wörter und sprich sie so schnell wie möglich. Miss die benötigte Zeit. Wie lange würdest du ungefähr für 595 Wörter brauchen?

C   Wie viele Prozent der Zeit von Steve Woodmore benötigst du?

3 Flaggen

3.1 Die Flaggen einiger Staaten sind rot – weiss.

   A Schätze den Anteil der beiden Farben an der Gesamtfläche in %.

   B Welche Prozentwerte kannst du genau bestimmen?

   C Wie könnte man die Werte für Kanada möglichst genau bestimmen?

Land/Kontinent	Flagge	% rot	% weiss
Bahrain (Asien)			
Grönland (Europa)			
Japan (Asien)			
Österreich (Europa)			
Dänemark (Europa)			
Polen (Europa)			
Kanada (Nordamerika)			
Schweiz (Europa)			

3.2 Einige Flaggen sind rot – weiss – grün. Schätze den Anteil der einzelnen Farben in %.

Land/Kontinent	Flagge	% rot ▰	% weiss	% grün ▰
Bulgarien (Europa)				
Italien (Europa)				
Burundi (Afrika)				
Madagaskar (Afrika)				
Malediven (Asien)				
Oman (Asien)				

3.3 Entwirf Flaggen mit folgenden Prozentanteilen:

   A 50 % rot, 25 % blau, 25 % weiss

   B 50 % rot, 33.$\overline{3}$ % blau, 16.$\overline{6}$ % weiss

Teig herstellen

250 g Mehl (Teigwarenmehl)

2 Eier (à 50 g)

1 Esslöffel Olivenöl fasst ca. 2 cl (1 cl wiegt etwa 8 g)

ca. 1–2 Esslöffel Wasser (1 cl wiegt etwa 10 g)

$\frac{1}{2}$ Teelöffel Salz fasst ca. 0.5 cl (1 cl wiegt etwa 15 g)

Mehl auf dem Tisch anhäufen. In der Mitte eine Vertiefung formen und Eier, Salz und Öl hineingeben.

Flüssigkeit mit Mehl zudecken und Teig kneten. Tropfenweise Wasser zufügen, Teig kneten, bis er glänzend und elastisch ist.

Teig anschliessend 1 Stunde mit feuchtem Tuch zugedeckt ruhen lassen.

Teig verarbeiten

Teig in vier Teile schneiden. Jedes Stück auf dem leicht bemehlten Tisch zu einem Rechteck von 20 cm · 35 cm auswallen.

Das ergibt eine Dicke von 1–2 mm. Teig immer wieder von der Arbeitsfläche lösen.

Tagliatelle

Messerklinge mit dem Rücken voran unter den geschnittenen Nudeln durchführen. Nudeln hochheben, voneinander lösen, locker mit wenig Mehl mischen und sie auf Tüchern ausbreiten.

Je nach Verarbeitung des Teiges tragen die Teigwaren unterschiedliche Namen.

Insgesamt kennt man in Italien ca. 250 Teigwarenformen.

Zum Beispiel:

Tagliatelle: 1 cm breite Streifen

Fettucine: $\frac{1}{2}$ cm breite Streifen

Taglierini: 2 mm breite Streifen

Farfalle/Krawättli: Rechtecke von 6 cm · 4.5 cm schneiden und diese in der Mitte zusammendrücken.

---

1   Flächen

1.1   Wie viele Stück Tagliatelle kannst du aus dem Teig von 250 g Mehl (nach Hausrezept) schneiden,

    A wenn sie 20 cm lang sind?

    B wenn sie 35 cm lang sind?

    C Du stellst mit der gleichen Teigmenge Krawättli her. Wie viele Stück gibt es ungefähr?

    D Wie viele Schnitte musst du jeweils durchführen? Mach dazu Skizzen.

1.2   Du verwendest ein Paket Fertigteig (250 g, zwei Rollen à 16 cm · 56 cm)

    A Wie viele Tagliatelle werden geschnitten? Wähle verschiedene Nudellängen. Welche sind sinnvoll?

    B Wie viele Fettucine kann man aus dem Teig herstellen?

    C Wie viele Krawättli (Farfalle) kann man herstellen?

    D Wie viele Pakete Fertigteig braucht es, um 100 Krawättli herzustellen?

    E 100 g Fertigteig hat ein Volumen von ca. 100 cm³. Wie dick ist der Fertigteig?

2 Volumen

2.1 **A** Schätze das Volumen von 500 g ungekochten Spaghetti. Wie gehst du vor? Beschreibe.

B Wie viele Spaghetti sind in einem 500-g-Paket.

C Wie viele Stück Spaghetti braucht es für 1 km Spaghetti? Wie viele Pakete sind das?

D Betrachte ein Paket Salz. Miss und schätze das Volumen von 1 kg Salz.

E Wie viele Gramm Salz haben in einem Litergefäss (1 dm³ = 1000 cm³) Platz?

Zur Erinnerung

1 cm	=	10 mm		
1 cm²	=	10 mm · 10 mm	=	100 mm²
1 cm³	=	10 mm · 10 mm · 10 mm	=	1000 mm³

2.2 Wenn Teigwaren gekocht werden, verändern sie ihre Länge, Breite und Dicke. Entsprechende Massangaben kannst du der Abbildung entnehmen und in der Tabelle bei A eintragen.

A Berechne das Volumen einer ungekochten und einer gekochten Nudel.
Wie vielmal ist das Volumen der gekochten Nudel grösser?

	Länge	Breite	Dicke	Volumen
Nudel ungekocht	6 cm	12 mm	0.8 mm	
Nudel gekocht			2 mm	

B Berechne das Volumen für 500 g, 1 kg, 2 kg Nudeln.

Gewicht (ungekocht)	Volumen ungekocht	Volumen gekocht
500 g	470 cm³	
1 kg		
2 kg		

2.3 Volumen schätzen

A Du kochst 500 g Spaghetti. Bestimme ihr Volumen, wenn sie gekocht sind. Wie gehst du vor? Beschreibe.

B Schätze, welche Ausmasse ein Gefäss haben muss, um 10 kg Spaghetti zu kochen. Das Kochwasser soll das achtfache Volumen der ungekochten Teigwaren haben.

C Schätze, für wie viele Personen diese Menge etwa reicht.

3 Volumen – Fläche – Teigdicke (Höhe)

3.1 200 cm³ Teig werden zu einem Quader geformt. Welche Längen, Breiten und Höhen (Dicken) sind möglich? Zähle einige auf.

3.2 Es gibt Teigauswallmaschinen für den Hausgebrauch. Zuerst sind die Walzen 5 mm weit geöffnet. Der durchgedrehte Teig wird also 5 mm dick. Bei jedem weiteren Arbeitsdurchgang werden die Walzenabstände verringert, bis der Teig nur noch 1.5 mm dick ist.

A Welche Fläche nimmt 100 cm³ Teig ein, wenn er 1 cm, 5 mm, 3 mm, 1.5 mm dick ausgewallt wird?

B Welche Fläche belegt ein Teig mit 400 cm³ Volumen, wenn er 1 cm, 5 mm, 3 mm, 1.5 mm dick ausgewallt wird?

3.3 Ergänze die Tabelle

Gib jeweils ein Beispiel für eine mögliche Länge und eine mögliche Breite an.

Teigvolumen	Teigfläche	Teigdicke	mögliche Länge	mögliche Breite
100 cm³		2 mm		
100 cm³		1 mm		
100 cm³	200 cm²			
200 cm³		2 mm		
200 cm³		1 mm		
200 cm³	200 cm²			
400 cm³		2 mm		
400 cm³		1 mm		
400 cm³	200 cm²			

3.4 Wie verändert sich die Teigfläche,

A wenn die Teigdicke halbiert wird?

_____

B wenn die Teigdicke verdoppelt wird?

_____

C wenn die Teigdicke zehnmal grösser wird?

_____

D wenn die Teigdicke zehnmal dünner wird?

_____

E wenn das Volumen verdoppelt und die Teigdicke halbiert werden?

_____

F wenn das Volumen und die Teigdicke halbiert werden?

_____

G wenn das Volumen halbiert und die Teigdicke verdoppelt werden?

_____

1 Diagramme lesen

1.1 Aus diesem Diagramm kannst du ungefähr herauslesen, wie viele Fernsehkonzessionen (= Anzahl Haushalte mit gemeldeten Fernsehgeräten) in welchem Jahr in der Schweiz angemeldet waren.

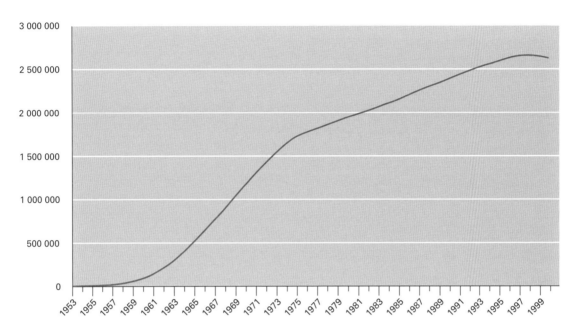

A   Wie viele Konzessionen waren im Jahr 1990 etwa gemeldet?

B   In welchem Jahr gab es erstmals über eine Million Fernsehkonzessionen?

C   Welches ist das Rekordjahr für die Anzahl Konzessionen? Wie viele waren es damals?

D   Seit wann gibt es in der Schweiz Fernsehen?

E   Im Jahre 1990 lebten etwa 6.8 Millionen Menschen in der Schweiz. Wie viele Fernsehkonzessionen gab es damals auf 1000 Personen?

F   In welchem Jahr gab es etwa 50 % (20 %, 80 %) der maximalen Anzahl Fernsehkonzessionen?

G   Wie viele Konzessionen sind zwischen 1980 und 1990 etwa dazugekommen?

H   Stellt euch gegenseitig weitere Fragen, die man mit Hilfe dieses Diagramms beantworten kann.

1.2 Aus diesem Diagramm kannst du herauslesen, wie viele Stunden Fernsehsendungen vom Schweizer Fernsehen in den Jahren 1980 bis 1990 pro Jahr gesendet wurden.

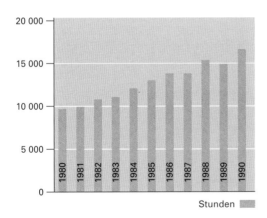

A   Wie viele Stunden wurde jährlich im Durchschnitt in den Jahren 1980–1990 Fernsehen gesendet?

B   Wie viele Stunden wurde in den einzelnen Jahren durchschnittlich pro Tag Fernsehen gesendet?

C   Um wie viele Stunden hat die Sendezeit zwischen 1980 und 1990 jährlich etwa zu- oder abgenommen?

2 Diagramme erstellen

2.1 Aus dieser Tabelle kann man die angemeldeten Radiokonzessionen herauslesen.

Radioempfangskonzessionen, ab 1935

Jahr	Gesamttotal der Konzessionen	Anzahl Konzessionen auf 1000 Einwohner
1935	418 499	101
1940	634 248	150
1945	854 639	194
1950	1 036 710	220
1955	1 233 075	248
1960	1 444 975	266
1965	1 653 679	278
1970	1 851 612	299
1975	2 075 574	324
1980	2 252 915	354
1985	2 467 277	380
1990	2 669 562	395
1995	2 800 183	396

Quelle bis Juli 1997 Generaldirektion PTT/
ab September 1997 SWISSCOM/ab Januar 1998 Billag AG
Stand: Dez. des jeweiligen Jahres

A Erstelle ein Liniendiagramm, das aufzeigt, wie sich die Anzahl Konzessionen im Verlauf der Jahre entwickelt hat.

B Um wie viel haben die Radiokonzessionen zwischen 1940 und 1950, um wie viel zwischen 1950 und 1960 usw. jeweils zugenommen?

C In welchem Jahrzehnt war der Zuwachs am grössten, in welchem am kleinsten?

D Im Jahre 1940 gab es auf 1000 Einwohner etwa 150 Konzessionen. Du kannst aus der Tabelle herauslesen, wie viele Konzessionen es im Jahre 1940 in der Schweiz insgesamt gab. Daraus kannst du die Anzahl Einwohner der Schweiz für das Jahr 1940 berechnen.

E Erstelle aus dieser Tabelle eine weitere Tabelle, aus der hervorgeht, wie viele Einwohner die Schweiz in den Jahren 1935, 1940, 1945, … 1990, 1995 etwa hatte.

F Stelle die Ergebnisse aus E in einem Liniendiagramm dar.

2.2 In dieser Tabelle siehst du, wie sich die schweizerische Wohnbevölkerung im Jahre 1900 altersmässig zusammensetzte.

Wohnbevölkerung der Schweiz nach Altersgruppen im Jahre 1900

0–9 Jahre	10–19 Jahre	20–29 Jahre	30–39 Jahre	40–49 Jahre	50–59 Jahre	60–69 Jahre	70–79 Jahre	über 80 Jahre	Total
715 005	628 945	574 502	456 618	347 509	285 297	198 951	91 536	16 493	3 314 856

A Runde die angegebenen Zahlen auf den nächsten Tausender und schreibe sie in eine Tabelle.

B Erstelle mit den gerundeten Zahlen ein geeignetes Diagramm.

C Berechne mit den gerundeten Zahlen den prozentualen Anteil jeder Altersgruppe in Bezug auf die Gesamtbevölkerung.

D Erstelle ein Kreisdiagramm mit den Prozentzahlen aus C.

E Vergleiche obige Angaben mit den Angaben aus dem Jahre 1990. Führe verschiedene Berechnungen durch und schreibe einen Bericht.

Wohnbevölkerung der Schweiz nach Altersgruppen im Jahre 1990

0–9 Jahre	10–19 Jahre	20–29 Jahre	30–39 Jahre	40–49 Jahre	50–59 Jahre	60–69 Jahre	70–79 Jahre	über 80 Jahre	Total
779 322	796 979	1 141 655	1 080 938	995 079	759 609	627 115	437 641	255 349	6 873 687

3   Bevölkerungsstatistiken

3.1   Diese Grafik stammt aus einem Bericht der UNO aus dem Jahre 1998/99. Sie zeigt die historische Entwicklung der Weltbevölkerung. Die Zahlenangaben sind auf Milliarden gerundet.

   A   Was sagen dir die Zahlen? In welchen Jahren sind sie vermutlich sehr ungenau? Begründe deine Antwort.

   B   Was würde bis ins Jahr 2100 passieren, wenn die Erdbevölkerung gleich wachsen würde wie zwischen 1960 und 2000? Stelle die Erkenntnis in einem Diagramm dar.

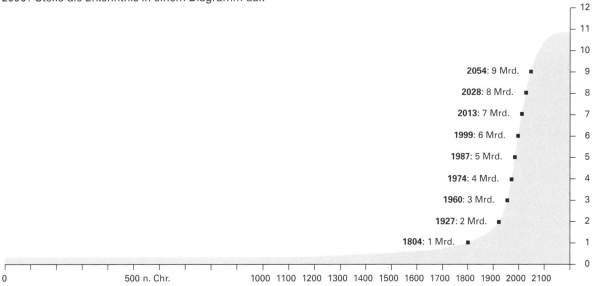

   C   Notiere dir weitere Informationen, die du aus der Grafik herauslesen kannst. Schreibe einen Bericht und stelle ihn andern vor.

3.2   Diese Kreisdiagramme stammen aus dem gleichen Bericht der UNO aus dem Jahre 1998/99.
Sie zeigen die regionale Verteilung der Weltbevölkerung zu verschiedenen Zeitpunkten.

   A   Berechne jeweils die prozentualen Anteile der regionalen Bevölkerungen in Bezug auf die jeweilige Weltbevölkerung.

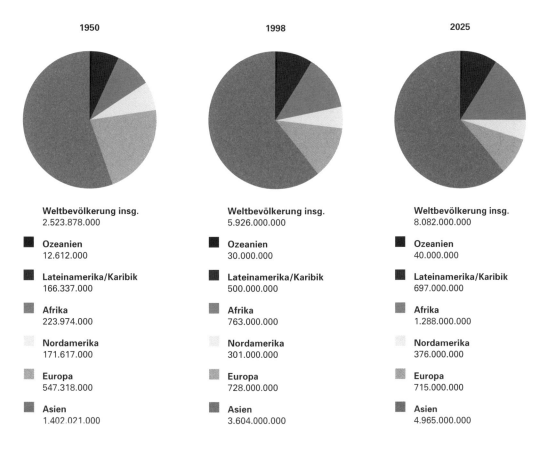

1950	1998	2025
Weltbevölkerung insg. 2.523.878.000	**Weltbevölkerung insg.** 5.926.000.000	**Weltbevölkerung insg.** 8.082.000.000
Ozeanien 12.612.000	**Ozeanien** 30.000.000	**Ozeanien** 40.000.000
Lateinamerika/Karibik 166.337.000	**Lateinamerika/Karibik** 500.000.000	**Lateinamerika/Karibik** 697.000.000
Afrika 223.974.000	**Afrika** 763.000.000	**Afrika** 1.288.000.000
Nordamerika 171.617.000	**Nordamerika** 301.000.000	**Nordamerika** 376.000.000
Europa 547.318.000	**Europa** 728.000.000	**Europa** 715.000.000
Asien 1.402.021.000	**Asien** 3.604.000.000	**Asien** 4.965.000.000

   B   Notiere dir einige Fragen, die man zu diesen Diagrammen stellen könnte, und beantworte sie für dich.
Stelle die Fragen jemandem und prüfe, ob er oder sie auf die gleichen Antworten kommt wie du.

3.3 Auch diese Grafiken stammen aus obigem UNO-Bericht. Sie zeigen die Bevölkerung nach Alter und Geschlecht getrennt. In der oberen Grafik handelt es sich um die Bevölkerung der Entwicklungsländer und unten um die Bevölkerung der Industrieländer im Jahre 1998.

    A Wie viel Prozent machen die unter 20-Jährigen in Bezug auf die gesamte Bevölkerung in den beiden Fällen etwa aus?

    B Notiere Unterschiede, die du im Diagramm zwischen Männern und Frauen feststellen kannst. Vergleiche mit Kolleginnen oder Kollegen.

    C Sucht nach entsprechenden Angaben über eure Gemeinde, eure Stadt, euren Kanton oder über die Schweiz und stellt sie in einem entsprechenden Diagramm dar.

Entwicklungsländer

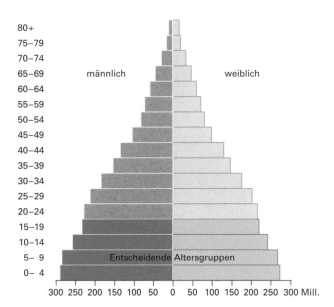

Industrieländer

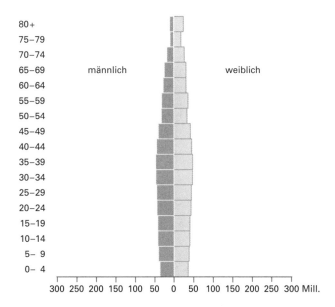

3.4 Sammelt weitere statistische Angaben aus Zeitungen, Zeitschriften, aus statistischen Jahrbüchern oder aus dem Internet. Veranschaulicht Zahlenangaben durch geeignete Diagramme. Beschreibt Informationen aus gefundenen Diagrammen mit eigenen Worten.

1 Geometrische Konstruktionen

1.1 Hier siehst du verschiedene Spielsituationen. Entscheide jeweils, welches Team wie viele Punkte bekommt.

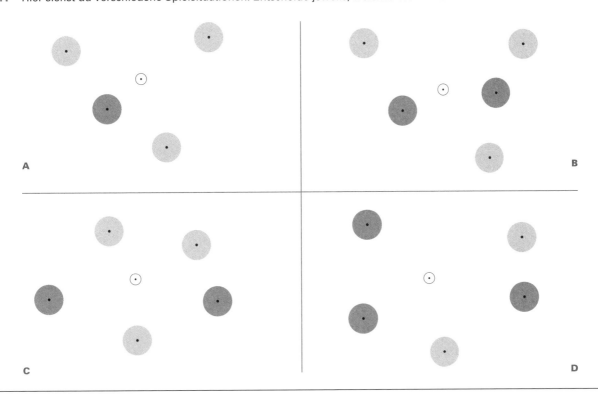

1.2 Hier siehst du zwei Punkte P und Q. Rechts daneben ist, ausgehend von diesen Punkten, eine geometrische Konstruktion ausgeführt.

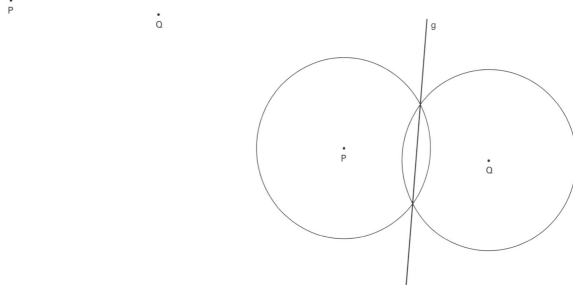

A Beschreibe diese Konstruktion. In welcher Reihenfolge wurde vorgegangen?

B Welche Eigenschaften bezüglich der Punkte P und Q hat die Gerade g?

C Führe die Konstruktion bei den Punkten links selber aus.

D Konstruiere weitere Mittelsenkrechten zwischen zwei Punkten, bis du dich sicher fühlst.

1.3 Hier siehst du zwei Geraden g_1 und g_2. Rechts daneben ist, ausgehend von diesen Geraden, eine Konstruktion ausgeführt.

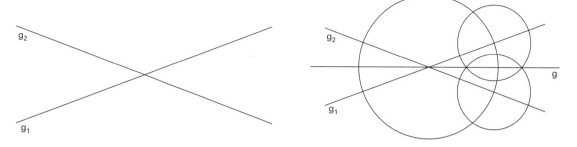

A Beschreibe diese Konstruktion. Wie wurde vorgegangen?

B Welche Eigenschaft bezüglich g_1 und g_2 hat die Gerade g?

C Führe die Konstruktion links selber aus.

D Konstruiere weitere Winkelhalbierenden zwischen zwei sich schneidenden Geraden, bis du dich sicher fühlst.

1.4 Hier siehst du eine Gerade g und einen Punkt P. Rechts daneben ist eine weitere geometrische Konstruktion ausgeführt.

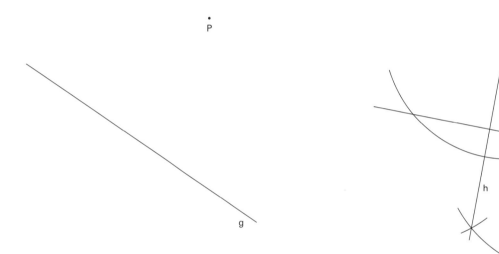

A Beschreibe diese Konstruktion. Wie wurde vorgegangen?

B Welche Lage hat die Gerade h bezüglich der Geraden g?

C Führe die Konstruktion links selber aus.

D Konstruiere weitere Lote von einem Punkt auf eine Gerade, bis du dich sicher fühlst.

1.5 Welcher der Punkte Q und R liegt jeweils näher beim Punkt P? Überlege dir mehrere Möglichkeiten, die Frage exakt zu beantworten.

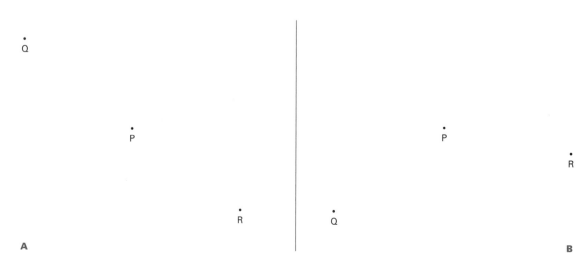

1.6 Zeichne weitere Punkte, die genau gleich weit von P entfernt sind wie Punkt Q. Wo liegen alle diese Punkte?

Q

P

1.7 **A** Wo können die Punkte liegen, welche von den Punkten P und Q genau gleich entfernt sind? Zeichne sie ein.

B Wo liegen die Punkte, die näher bei Punkt P als bei Punkt Q liegen? Zeichne sie ein.

Q

P

Q

P

A

B

1.8 Wo kann ein Punkt sein, der von allen drei Punkten P, Q und R genau gleich weit entfernt ist?

Konstruiere einen solchen Punkt. Wie viele Lösungen findest du?

R

Q

P

1.9 Bei der hier abgebildeten Situation liegen die fünf Punkte auf einer Kreislinie. Sie sind natürlich alle genau gleich weit vom Kreismittelpunkt entfernt. Konstruiere den Mittelpunkt des Kreises.

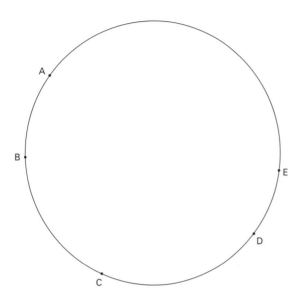

2 Boccia

Boccia wird auf einem 4,50 m breiten und 28 m langen, speziell präparierten Platz gespielt. Da Boccia vorwiegend im Tessin und in Italien populär ist, heisst das «Schweinchen» dort «pallina» (Kügelchen, Bällchen).

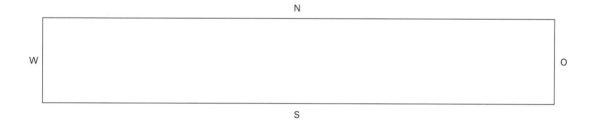

A Wo kann die «pallina» überall liegen, damit sie gleich weit von der Bande N wie von der Bande S entfernt ist? Konstruiere in obige Skizze. Wie weit ist die «pallina» in diesem Fall in Wirklichkeit von den Banden N und S entfernt?

B Wo kann die «pallina» überall liegen, damit sie gleich weit von der Bande N wie von der Bande W entfernt ist? Konstruiere in obige Skizze.

C Wo kann die «pallina» liegen, damit sie von allen Ecken des Spielfeldes gleich weit entfernt ist? Konstruiere in obige Skizze. Wie weit ist die «pallina» in diesem Fall in Wirklichkeit etwa von den Ecken entfernt?

D Wo kann die «pallina» liegen, damit sie von den Banden N, W und S gleich weit entfernt ist? Konstruiere in obige Skizze. Wie weit ist die «pallina» in diesem Fall in Wirklichkeit von den drei Banden entfernt?

1 Symmetrien

1.1 Zeichne die Buchstaben des grossen Alphabetes, sortiert nach vier Typen:

– achsensymmetrisch

– punktsymmetrisch

– achsen- und punktsymmetrisch

– weder achsen- noch punktsymmetrisch

Trage bei den symmetrischen Buchstaben rot die Symmetrieachse(n) ein, blau den Symmetriepunkt.

1.2 A Schneide die Spielkarten aus (Kopiervorlage). Zerschneide sie in eine obere und eine untere Hälfte.

Setze möglichst viele «echte» Karten zusammen und klebe sie auf diese Seite.

B Setze auch die übrig gebliebenen Stücke zu Karten zusammen und klebe sie ebenfalls auf diese Seite.

Was ist bei diesen Karten «falsch»?

1.3 Besorge dir «französische» Jasskarten. Sortiere sie nach den gleichen Typen wie die Buchstaben bei Aufgabe 1.1.

2   **Eigenschaften der Achsen-Symmetrie**

Auf dem Schmetterling sind ein Punkt A und sein Spiegelbild A' eingezeichnet. Wir nennen A einen Originalpunkt und A' seinen Bildpunkt.

2.1   **A**   Trage zu den Originalpunkten B und C die Bildpunkte B' und C' ein.

       B   Verbinde jeden Originalpunkt mit seinem Bildpunkt. Beschreibe, wie die Verbindungsstrecken liegen.

2.2   **A**   Ziehe eine Gerade durch zwei Originalpunkte. Zeichne das Spiegelbild dieser Geraden.

       B   Wie liegen eine Gerade und ihr achsensymmetrisches Bild? Beschreibe.

2.3   **A**   Trage beim Käfer die Symmetrieachse ein. Wähle dann auf den Beinen oder Flügeln zwei Originalpunkte E und F. Zeichne mit dem Geodreieck ihre Bildpunkte.

       B   Wiederhole, was du bei 2.1 und 2.2 gemacht hast.

2.4   Wähle einen dritten Originalpunkt G. Zeichne zuerst das Dreieck EFG. Zeichne dann das Bilddreieck E'F'G'. Vergleiche die beiden Dreiecke.

3   **Eigenschaften der Punktsymmetrie**

Auf der Spielkarte sind zwei Originalpunkte A und B sowie ein Bildpunkt A′ eingezeichnet.

3.1   **A**   Trage zum Originalpunkt B den Bildpunkt B′ ein.

       B   Verbinde jeden Originalpunkt mit seinem Bildpunkt. Beschreibe, wie die Verbindungsstrecken liegen.

3.2   **A**   Ziehe eine Gerade durch die beiden Originalpunkte. Zeichne das Bild dieser Geraden.

       B   Wie liegen eine Gerade und ihr punktsymmetrisches Bild? Beschreibe.

3.3   **A**   Trage bei der zweiten Karte den Symmetriepunkt ein. Wähle dann zwei Originalpunkte E und F.

          Zeichne mit dem Geodreieck die Bildpunkte E′ und F′.

       B   Wiederhole, was du bei 3.1 und 3.2 gemacht hast.

3.4   Wähle einen dritten Originalpunkt G. Zeichne zuerst das Dreieck EFG. Zeichne dann das Bilddreieck E′F′G′.

      Vergleiche die beiden Dreiecke.

4   **Achsensymmetrie und Punktsymmetrie**

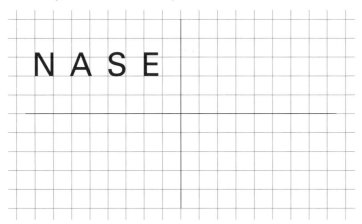

A   Spiegle das Wort NASE an der senkrechten Achse.

B   Spiegle das Wort NASE an der waagrechten Achse, die unterhalb des Wortes verläuft.

C   Spiegle das Wort NASE am Schnittpunkt der beiden Achsen.

D   Vergleiche die verschiedenen Spiegelbilder.

5 **Zeichnungen und Konstruktionen zur Symmetrie**

5.1 **A** Wähle das erste oder das zweite Bild von Vasarely im *mathbu.ch 7* auf Seite 55. Beschreibe es.

B Zeichne das Bild nach mit einer Seitenlänge von 12 cm. Du kannst es vereinfachen.
Aber es sollte immer noch zu deiner Beschreibung passen.

5.2 Beschreibe das Bild, welches du nicht gezeichnet hast.

5.3 Entwirf ein eigenes «Vasarely-Bild». Entscheide zuvor, welche Symmetrien es aufweisen soll.

5.4 Mit euren eigenen Bildern könnt ihr eine Ausstellung machen.
Welche Korrekturen weisen die Bilder auf?

6 **Mehrfachsymmetrien**

Die französische, aus Russland stammende Malerin Sonia Delaunay ist vor allem als Designerin berühmt geworden.
Für das Stück «Le coeur à gaz» hat sie dieses Tanzkostüm entworfen. (Das oberste und die beiden untersten äusseren Dreiecke sind im Original gelb.)

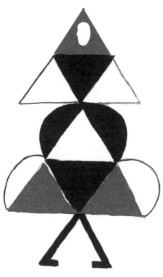

6.1 Zeichne die symmetrische Figur ab.

6.2 Konstruiere zwei der verwendeten Bausteine exakt nach.

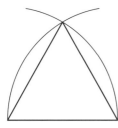
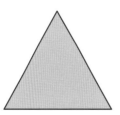

Gleichseitiges Dreieck

Kreissegment

6.3 Du hast vier Sorten Bausteine zur Verfügung:
– weisses gleichseitiges Dreieck
– schwarzes gleichseitiges Dreieck
– weisses Kreissegment
– schwarzes Kreissegment
Skizziere damit ein eigenes achsensymmetrisches «Kostüm».

6.4 **A** Baue mit der gleichen Auswahl an Bausteinen eine Figur mit mehr als einer Symmetrieachse.

B Weist diese Figur noch andere Symmetrien auf? Welche? Beschreibe.

1   Winkel messen

Beim Spiel America's Cup hast du mit deinem Segelboot vielleicht einen Kurs wie den hier abgebildeten «gesegelt».
Längs der Zickzacklinie kommen verschiedene Winkel vor.

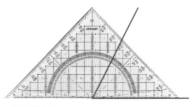

spitzer Winkel
kleiner als 90°

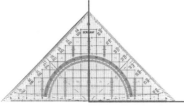

rechter Winkel
gleich 90°

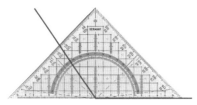

stumpfer Winkel
zwischen 90° und 180°

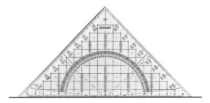

gestreckter Winkel
gleich 180°

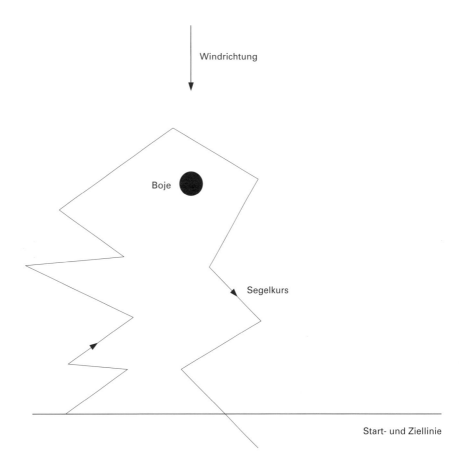

Winkel werden in Grad gemessen und in der Regel mit griechischen Buchstaben bezeichnet. Kommen in einer Figur mehr als vier oder fünf Winkel vor, dann sind auch die Bezeichnungen ω_1, ω_2, ω_3, ω_4, ω_5 … üblich.

A Beginne beim Start und bezeichne die Winkel des Segelkurses.

B Welche der Winkel in deiner Liste sind spitze Winkel, welche sind rechte Winkel, welche sind stumpfe Winkel?
Prüfe mit dem Geodreieck nach.

C Finde und bezeichne im obigen Bild auch Winkel, die grösser als 180° sind.
Wie kannst du solche Winkel messen?

Die ersten Buchstaben des griechischen Alphabets

α Alpha

β Beta

γ Gamma

δ Delta

ε Epsilon

Der letzte Buchstabe des griechischen Alphabets

ω Omega

2 Scheitelwinkel, Nebenwinkel und Stufenwinkel

Betrachte den folgenden Segelkurs. Die Pfeile, welche die Windrichtung angeben, sind alle parallel.

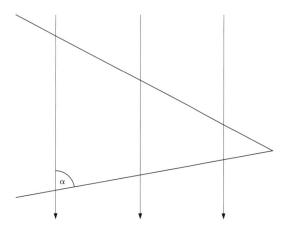

A Finde Winkel, die gleich gross sind wie α.

B Finde und bezeichne andere Gruppen von gleich grossen Winkeln.

C Finde Winkel, die sich zu 180° ergänzen.

D Fasse deine Beobachtungen zusammen, benütze dazu folgende Begriffe:

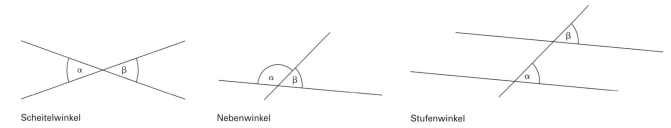

Scheitelwinkel   Nebenwinkel   Stufenwinkel

3 Winkelsumme im Dreieck

Betrachte folgende Figur:

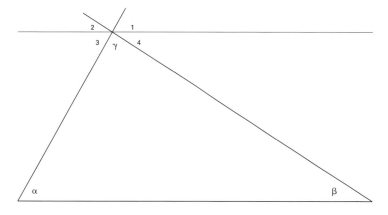

A Finde Winkel, die gleich sind, und solche, die sich zu 180° ergänzen. Begründe!

B Was lässt sich über die Summe $\alpha + \beta + \gamma$ sagen?

4   Winkel in Dreiecken, in Vierecken und in Vielecken

Du siehst verschiedene mögliche Segelkurse, bei denen allerdings der Start- und der Zielpunkt zusammenfallen.

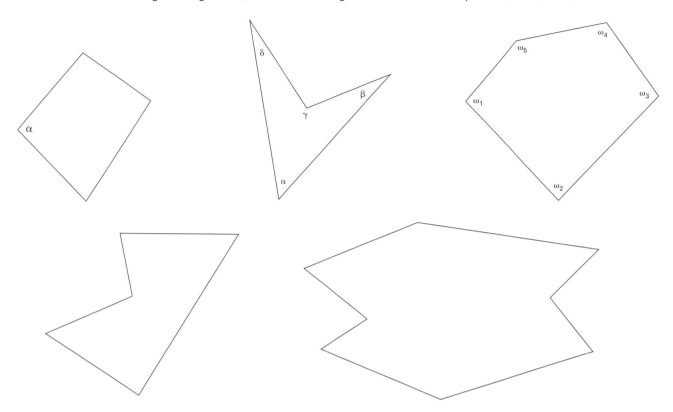

A Bezeichne die Innenwinkel der Vielecke mit α, β, γ, δ bzw. mit ω_1, ω_2, ω_3, ω_4, ω_5 …

B Miss jeweils alle Winkel einer Figur und addiere deren Grössen.

C Was stellst du fest? Zeichne, falls nötig, weitere Vielecke.

D Formuliere eine allgemeine Regel und begründe diese! (Hinweis: Zerlege die Vielecke in Dreiecke.)

---

5   Winkel in regelmässigen Vielecken

Regelmässige (genauer: reguläre) Vielecke haben gleich lange Seiten und gleich grosse Winkel.

A Konstruiere ein reguläres Dreieck folgendermassen:
   1. Zeichne eine Strecke von z. B. 5 cm Länge.
   2. Trage am einen Ende der Strecke einen Winkel von z. B. 60° ab, miss auf dem zweiten Schenkel wiederum die gleiche Strecke (5 cm) ab.
   3. Wiederhole Punkt 2, bis die Figur sich schliesst.

B Nimm anstelle von 60° einen Winkel von 90°. So bekommst du ein reguläres Viereck, also ein Quadrat.

C Zeichne ein reguläres Vieleck mit dem Winkel 120° und eines mit 144°. Wie viele Ecken haben die entstandenen Vielecke?

D Wie musst du den Winkel wählen, damit ein reguläres Achteck, ein reguläres Fünfeck entsteht?

E Bestimme bei den folgenden regulären Vielecken die Summe aller Innenwinkel. Vergleiche mit Aufgabe 4.

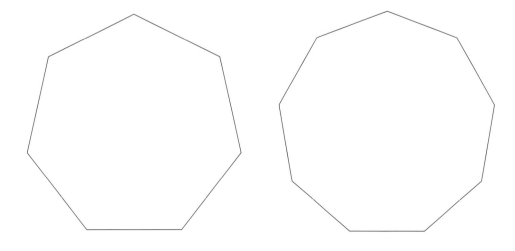

6 Winkel in Sternfiguren

A Wie stehts bei diesen Sternfiguren? Miss auch hier die Winkel ω_1, ω_2, ω_3, ω_4, ω_5 ... und bestimme die Winkelsumme.

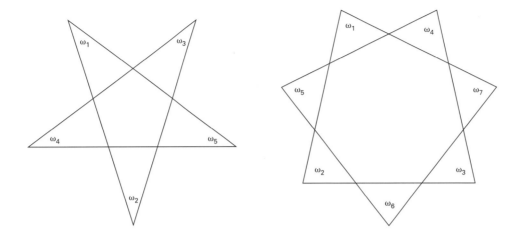

B Finde selber Winkel, mit denen Sternfiguren entstehen.

1 **Kongruenzabbildungen**

> Kongruenzabbildungen sind Abbildungen, bei denen die Originalfigur und die Bildfigur kongruent sind.
> Beide Figuren können so aufeinander gelegt werden, dass sie sich gegenseitig vollständig bedecken.

1.1 **A** Welche der Figuren A–H im *mathbu.ch 7* auf Seite 58 stellen Kongruenzabbildungen dar?

B Erkläre bei den übrigen Figuren, warum sie keine Kongruenzabbildung darstellen.

1.2 **A** Zeichne von freier Hand mit roter Farbe einen einfachen Fisch. Wähle eine der Kongruenzabbildungen
(aus A–H) und zeichne blau die entsprechende Bildfigur.
Mache das Gleiche mit zwei weiteren Kongruenzabbildungen.

B Tauscht eure Zeichnungen aus und bestimmt, welche Abbildungen ausgeführt wurden.

1.3 Zeichne eine andere einfache Figur und mache das Gleiche wie bei Aufgabe 1.2 mit dem Fisch.

2 **Schieben**

2.1 **A** Zeichne mit deiner Schablone ein rotes Rollbrett und färbe das Vorderrad. Lege einen Massstab an die Grundlinie
der Schablone und schiebe die Figur 8 cm nach rechts. Zeichne sie in der neuen Lage blau.

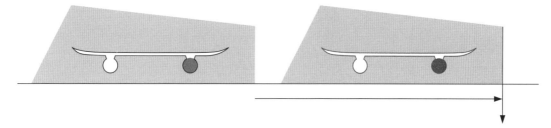

B Schiebe die blaue Figur in Richtung des rechten Schablonenrandes 5 cm nach unten.

C Schiebe die zuletzt gezeichnete Figur in Richtung des oberen Schablonenrandes 6 cm nach links.

D Welche Abbildung würde deine letzte Figur auf das rote Original abbilden?

2.2 **A** Zeichne den Umriss deiner Schablone nach. Nimm dieses Viereck als Originalfigur.
Zeichne weiter mit dem Geodreieck: Trage die längere Diagonale des Vierecks ein. Schiebe das Viereck parallel zu
dieser Diagonalen 4 cm nach oben.

B Zeichne noch einmal das Umrissviereck der Schablone. Schiebe es jetzt parallel zur anderen Diagonalen.

2.3 Zeichne (fein!) mit der Schablone die Silhouette des Rollbrettes. Schiebe die Schablone ca. 1 mm parallel zu ihrem linken
Rand und zeichne das Rollbrett erneut. Wiederhole das einige Male. Zeichne nun die räumliche Darstellung eines
Rollbrettes, indem du mit Farbe von den vielen Bleistiftlinien die geeigneten ausziehst und wenn nötig ergänzt.

2.4 Schiebung konstruieren

A Beschreibe diese Konstruktion.

B Übe die Konstruktion mit eigenen Figuren.

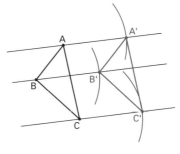

3 **Drehen**

3.1 **A** Lege das Zeichenblatt auf eine Unterlage und fixiere die Schablone mit einer Stecknadel so, dass du sie drehen kannst. Zeichne ein rotes Rollbrett und färbe das Vorderrad. Verlängere die Grundlinie der Schablone.
Drehe die Schablone um 90° und zeichne die Bildfigur blau.

B Drehe die Schablone um weitere 30° und zeichne das Rollbrett in der neuen Lage.

C Drehe die zuletzt gezeichnete Figur um einen anderen Drehpunkt um 60°.

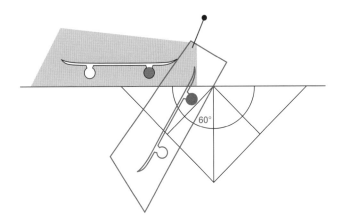

D Welche Abbildung würde deine letzte Figur auf das rote Original abbilden?

3.2 Die Erde dreht sich in 24 Stunden einmal um ihre Achse. Wie lange wurde der Film bei dieser Aufnahme belichtet?

3.3 Kennst du dieses Sternbild?

A Konstruiere die Position der Sterne vier Stunden später.

B Konstruiere die Position der Sterne zehn Stunden später.

• P

3.4 Drehung mit Zirkel konstruieren

    A Beschreibe diese Konstruktion.

    B Übe die Konstruktion mit eigenen Figuren.

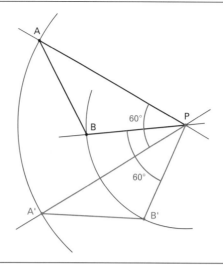

3.5 Konstruiere zum Dreieck ABC die Bildfigur

    A bei einer 90°-Drehung um den Punkt A.

    B bei einer 120°-Drehung um den Punkt C.

    C Welche Abbildung würde die erste Bildfigur

       mit der zweiten zur Deckung bringen?

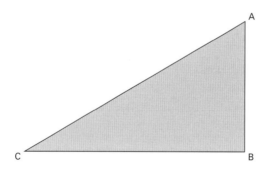

4 **Kongruent oder nicht kongruent?**

A Der linke Buchstabe P stellt die Originalfigur dar. Welche der Figuren 1 bis 8 sind dazu kongruent?

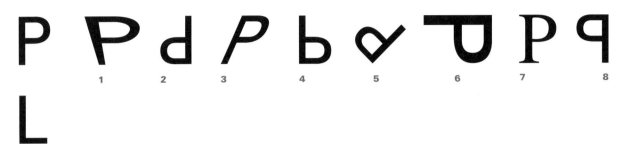

B Zeichne freihändig unter die kongruenten P-Figuren die entsprechenden L- und A-Figuren.

C Gib bei den kongruenten Figuren an, durch welche Abbildung sie aus dem Original entstehen.

D Zeichne auch zu einer nicht kongruenten P-Figur die entsprechende L- und A-Figur.

1   Wie rechnest du? Stelle deinen Rechenweg dar.

Beispiel:

$12 + 24 + 26 + 18 = (12 + 18) + (24 + 26) = 30 + 50 = 80$

$a + b + c + d = (a + d) + (b + c)$

A $136 + 215 + 304 + 1305 =$ _____

    $a + \quad b + \quad c + \quad d =$ _____

B $237 + 226 + 203 + 2304 =$ _____

    $a + \quad b + \quad c + \quad d =$ _____

C $338 + 237 + 102 + 3303 =$ _____

    $a + \quad b + \quad c + \quad d =$ _____

D $101 + 205 + 101 + 205 + 188 =$ _____

    $a + \quad b + \quad a + \quad b + \quad c =$ _____

E $202 + 215 + 202 + 215 + 168 =$ _____

    $a + \quad b + \quad a + \quad b + \quad c =$ _____

F $303 + 225 + 303 + 225 + 148 =$ _____

    $a + \quad b + \quad a + \quad b + \quad c =$ _____

---

2   Bahnen umbauen

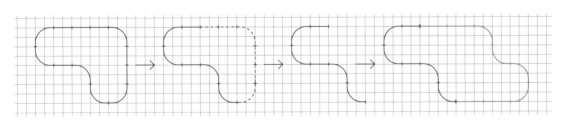

A   Vervollständige den Rechenbaum.

B   Setze die Grössen ein und berechne die Länge der Bahn.

    a = 22 cm, b = 33 cm, c = 35 cm

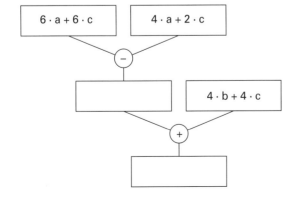

3   A   Vervollständige den Rechenbaum.

```
┌──────────────┐      ┌──────────────────┐
│  2 · a + 3 · b │      │ a + 2 · b + 2 · d  │
└──────────────┘      └──────────────────┘
        \              /
          \          /
            ( + )
        ┌──────────────┐      ┌──────────────────┐
        │              │      │  2 · a + 4 · b + d  │
        └──────────────┘      └──────────────────┘
                \              /
                  \          /
                    ( − )
            ┌──────────────┐
            │              │
            └──────────────┘
```

   B   Setze für a, b und d verschiedene Werte ein und berechne die Gesamtlänge.

a =   b =   d =

Gesämtlänge =

a =   b =   d =

Gesämtlänge =

a =   b =   d =

Gesämtlänge =

4

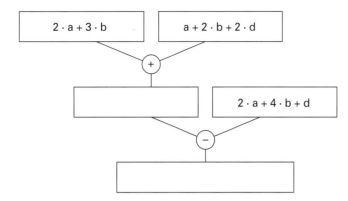

Aus dem Katalog	Lokomotive (L)	Huckepackwagen (H)	Staubgutwagen (St)	Silowagen (Si)	Schiebewand- wagen (Sch)
Länge [mm]	$l_1 = 85.5$	$l_2 = 76$	$l_3 = 43$	$l_4 = 63$	$l_5 = 66$
Preis [CHF]	$p_1 = 295.50$	$p_2 = 51.60$	$p_3 = 42.00$	$p_4 = 40.60$	$p_5 = 42.50$

   A   Wie viele verschiedene Züge lassen sich aus je einem dieser Wagen zusammenstellen?
   B   Stelle zu jedem Term einen passenden Zug zusammen. Berechne die Länge und den Preis.

   Beispiel: $2 \cdot l_1 + 2 \cdot l_2 + 3 \cdot l_4$ L, H, Si, Si, Si, H, L
   Länge: $2 \cdot l_1 + 2 \cdot l_2 + 3 \cdot l_4 = 512$ mm
   Preis: $2 \cdot p_1 + 2 \cdot p_2 + 3 \cdot p_4 = 816.00$ CHF

$1 \cdot l_1 + 2 \cdot l_3 + 2 \cdot l_5$

Länge:

Preis:

$1 \cdot l_1 + 2 \cdot l_2 + 3 \cdot l_4$

Länge:

Preis:

$2 \cdot l_1 + 1 \cdot l_2 + 3 \cdot l_3 + 1 \cdot l_4 + 2 \cdot l_5$

Länge:

Preis:

5 Vereinfache die folgenden Terme.

A $a + b + b + a + a + b =$

$2 \cdot c + 3 \cdot c + c =$

$c + 2 \cdot d + 2 \cdot c + d =$

$e + 2 \cdot f + d + e + d =$

B $8 \cdot x + 5 \cdot y - (2 \cdot x + 2 \cdot y) =$

$10 \cdot x + 7 \cdot y - (3 \cdot x + 3 \cdot y) =$

$12 \cdot u + 9 \cdot v - (4 \cdot u + 4 \cdot v) =$

$15 \cdot u + 12 \cdot v + (5 \cdot u + 5 \cdot v) =$

C $5 \cdot r + 3 \cdot (r + s) + 4 \cdot r + 2 \cdot s + s + s =$

$5 \cdot r + 3 \cdot (r + 2 \cdot s) + 4 \cdot r + 2 \cdot s =$

$4 \cdot r + s + 4 \cdot (r + s) + 4 \cdot r + 2 \cdot (s + s) =$

$(r + 2 \cdot s) + 5 \cdot r + (r + 2 \cdot s) + s + 5 \cdot (r + s) =$

6 Berechne die Zahl im Deckstein.

A Wie musst du die untersten beiden Mittenzahlen verändern, damit im Deckstein 4005 herauskommt?
Probiere aus, bis du eine Lösung gefunden hast.

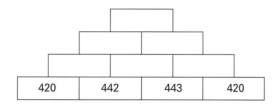

420	442	443	420

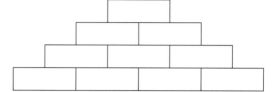

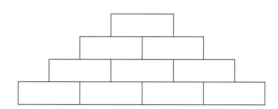

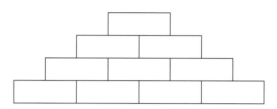

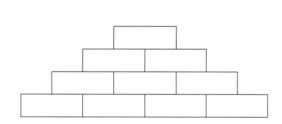

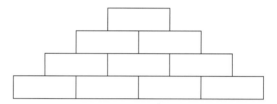

B Welche Zahl ergibt sich im Deckstein für $x = 3$ und $y = 8$? Welche für $x = 5$ und $y = 6$?
Wähle selbst weitere Werte für x und y.
Untersuche, durch welche Zahlen die Zahl im Deckstein stets teilbar ist. Begründe deine Antwort mit Variablen.

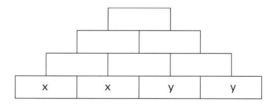

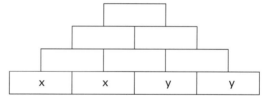

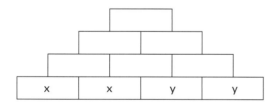

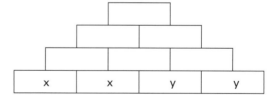

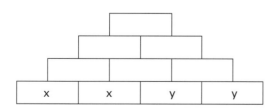

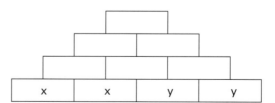

Begründung:

c Bestimme x.

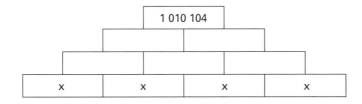

---

7 Ergänze.

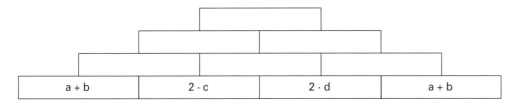

---

8 Ergänze.

 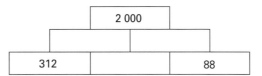

---

9 A x und z sind gerade Zahlen. Kann die Zahl im Deckstein ungerade sein? Begründe deine Antwort.

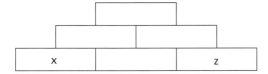 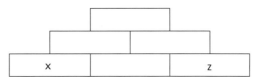

B x und z sind ungerade Zahlen. Kann die Zahl im Deckstein ungerade sein? Begründe deine Antwort.

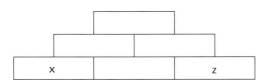 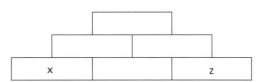

10 Ergänze.

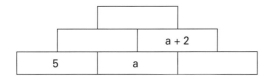

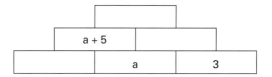

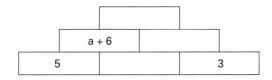

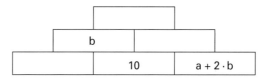

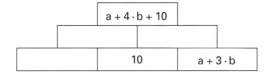

Produkte

1 Zweistellige Zahlen im Kopf multiplizieren

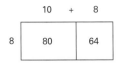

	10	+	8
8	80		64

8 · 18

	20	+	7	
	200		70	10
				+
	40		14	2

12 · 27

1.1 Hat es unter den Rechnungen in der Tabelle solche, deren Ergebnis du auswendig weisst? Markiere sie farbig.

	I	II	III	IV	V	VI
A	8 · 18 =	9 · 18 =	17 · 9 =	18 · 18 =	19 · 18 =	19 · 28 =
B	6 · 14 =	7 · 14 =	13 · 7 =	16 · 14 =	17 · 14 =	17 · 24 =
C	7 · 15 =	8 · 15 =	14 · 8 =	17 · 15 =	18 · 15 =	18 · 25 =
D	4 · 19 =	5 · 19 =	18 · 5 =	14 · 19 =	15 · 19 =	15 · 29 =
E	5 · 16 =	6 · 16 =	15 · 6 =	15 · 16 =	16 · 16 =	16 · 26 =

1.2 A Berechne im Kopf die Aufgaben der Spalte I.

B Welche anderen Produkte kannst du aus den Ergebnissen der Spalte I herleiten? Trage Verbindungslinien ein.

C Berechne auch diese Produkte.

1.3 Für welche Aufgaben kennst du andere – vielleicht einfachere – Berechnungswege? Notiere sie.

1.4 Berechne alle noch verbleibenden Produkte in der Tabelle. Notiere wenn nötig Zwischenresultate.

2 Schule dein Gedächtnis

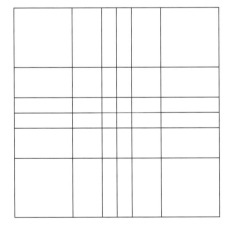

2.1 A Merke dir im Bild «6 komplementäre Farbreihen» von Richard Paul Lohse (*mathbu.ch* 7, Seite 62) die Farbe eines bestimmten Feldes.

Lege das Buch weg und färbe in der Figur oben das betreffende Feld mit dieser Farbe.

B Merke dir zwei weitere Felder, lege das Buch weg und färbe die Felder in der richtigen Farbe.

C Fahre in der gleichen Art weiter mit 3, 4, … Farben, bis du das ganze Bild übertragen hast.

2.2 Erklärt euch gegenseitig, wie ihr vorgegangen seid.

3 **Produkte berechnen und zerlegen**

3.1

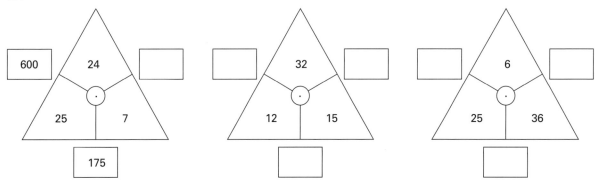

3.2

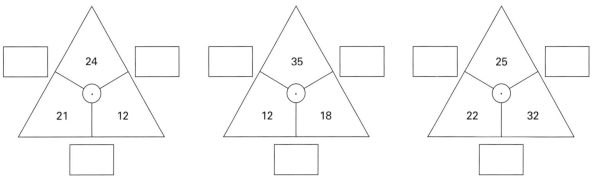

3.3

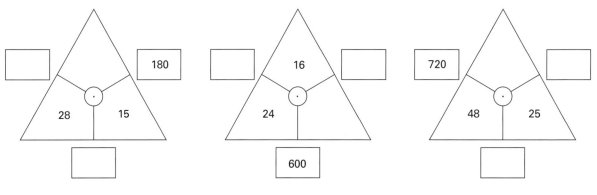

3.4

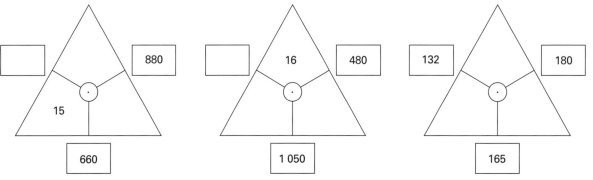

3.5 Zerlege die folgenden Zahlen auf mehrere Arten in zwei zweistellige Faktoren.

240   360   480   600   720   900   1 200

4   Multiplikation mit Zahlen und Variablen

Hinweise zur Darstellung:

$3 \cdot 4 = 12$	$3 \cdot 4 = 4 \cdot 3 = 12$	Die Reihenfolge der Faktoren spielt keine Rolle.
$3 \cdot a = 3a$	$3 \cdot a = a + a + a$	Malzeichen in Termen darf man weglassen.
$a \cdot b = ab$	$ba = ab$	Die alphabetische Reihenfolge (ab) ist die gebräuchliche.

Beispiele:

$3a \cdot b = 3ab$ $3a = 3 \cdot a$ $3 \cdot a \cdot b = 3ab$

$3a \cdot 4b = 12ab$ $3a \cdot 4b = 3 \cdot a \cdot 4 \cdot b = 3 \cdot 4 \cdot a \cdot b = 12 \cdot ab = 12ab$

$a \cdot a = a^2$ $3 \cdot 3 = 3^2 (= 9)$ $5 \cdot 5 = 5^2 (= 25)$ $10 \cdot 10 = 10^2 (= 100)$

4.1

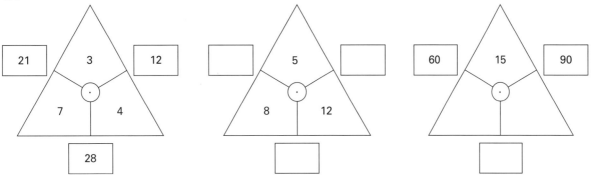

4.2

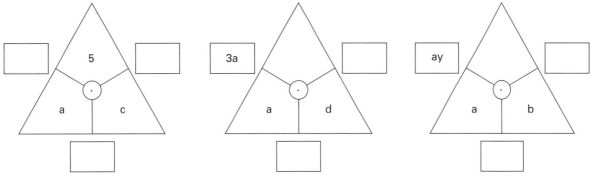

4.3

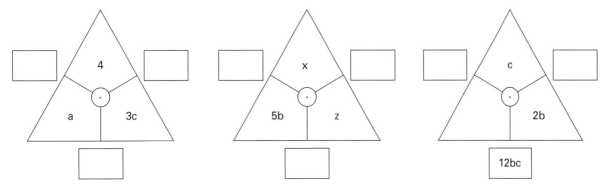

4.4

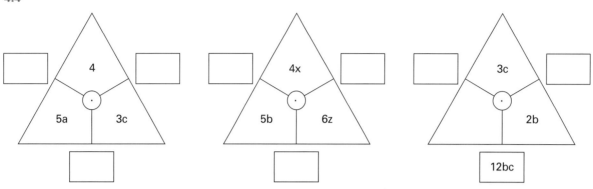

5 Terme multiplizieren

$a \cdot (x + y) = ax + ay$

$(a + b) \cdot (x + y) = ax + ay + bx + by$

5.1   **A** $x \cdot (a + b) =$ _____   **D** $(x + z) \cdot (a + b) =$ _____

B $x \cdot (x + y) =$ _____   **E** $(x + y) \cdot (x + z) =$ _____

C $(a + b) \cdot z =$ _____   **F** $(a + b) \cdot (a + b) =$ _____

5.2

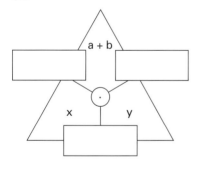 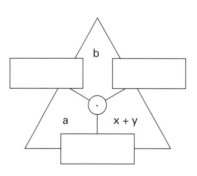 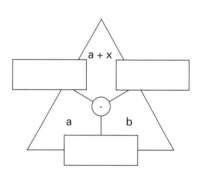

5.3

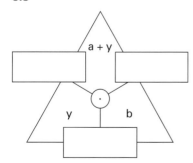 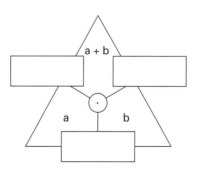 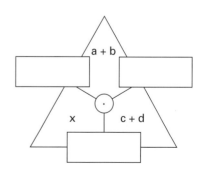

5.4

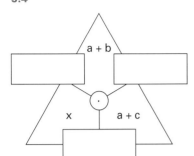 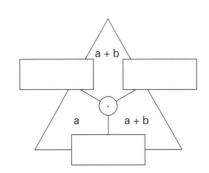 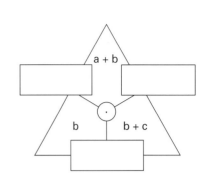

5.5 Umfahre zu jedem Term ein passendes Rechteck. Nimm jedes Mal eine andere Farbe.
Notiere dann zu jedem Term einen gleichwertigen.

$(a + b) \cdot b =$

$c \cdot (a + b + c) =$

$(b + c) \cdot (a + b) =$

$(b + 2c) \cdot a =$

$a^2 + ab + ac =$

$ac + bc + c^2 =$

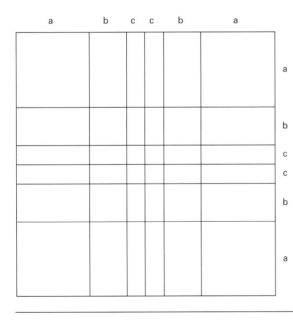

6 Farbanteile und Symmetrien im Bild «6 komplementäre Farbreihen»

(*mathbu.ch 7*, Seite 62)

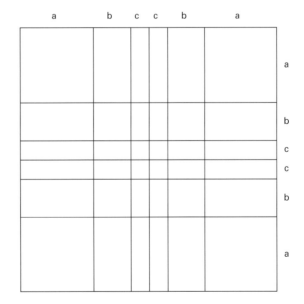

6.1 Suche eine Farbe, deren Gebiet im Bild punktsymmetrisch verteilt ist. Färbe dieses Gebiet.

6.2 Suche zwei Farben, deren Gebiete zueinander punktsymmetrisch angeordnet sind. Färbe diese Gebiete.
Vergleiche die zugehörigen Terme.

6.3 A Für die drei Längen im Bild gilt: $a = 2 \cdot b$ und $b = 2 \cdot c$.
Drücke das mit Worten aus.

B Welche Farbe bedeckt insgesamt die grösste Fläche? Wie gross ist ihr Anteil als Bruch ausgedrückt?

C Welche Farbe bedeckt insgesamt die kleinste Fläche? Wie gross ist ihr Anteil als Bruch ausgedrückt?

7 Faktoren und Produkte

Im linken Kasten findest du acht Faktoren, im rechten 28 Produkte. Diese Produkte kann man durch Multiplikation von je zwei dieser Faktoren bilden.

Notiere möglichst viele derartige Multiplikationen.

5	3		$5a$	$5a^2 + 25a$	ax	$2ax$	$a^2 + 2ax$	$3a$	$2ax + 4x^2$
a	x		$25a$	$ax + 5x$	$5x$	$10ax$	$ax + 2x^2$	$3x$	$2ax + 10x$
$5a$	$2x$		$2x^2$	$3a + 15$	$10x$	$5a + 25$	$3a + 6x$	$15a$	$a^2 + 2ax + 5a + 10x$
$a + 5$	$a + 2x$		$5a^2$	$a^2 + 5a$	$5ax$	$5a + 10x$	15	$6x$	$5a^2 + 10ax$

1   Bruchteile im Einheitsquadrat

$\frac{1}{3}$

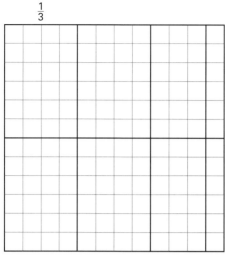
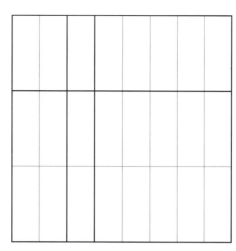

P   Q

1.1   Schreibe zu den Quadraten P und Q die Bruchteile jeder Seitenlänge.

1.2   Berechne alle Flächenteile als Produkt ihrer Länge und Breite.

1.3   Färbe in beiden Quadraten zwei Drittel der Fläche.

1.4   Zeichne die gleichen Flächenteile wie bei P und Q anders angeordnet in diese Rahmen.
Beschrifte sie als Bruchteile der Quadratfläche.

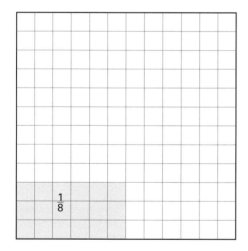
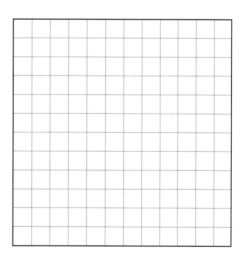

1.5   Färbe in den beiden Quadraten Teile, die zusammen einen Viertel der Fläche ausmachen.

2 Brüche multiplizieren

Brüche kann man multiplizieren nach der Regel:

$$\frac{\text{Zähler mal Zähler}}{\text{Nenner mal Nenner}}$$

2.1 Erkläre jemandem diese Regel mit Hilfe des Einheitsquadrates für die Beispiele

$\frac{1}{3} \cdot \frac{1}{4}$ $\frac{2}{3} \cdot \frac{1}{4}$ $\frac{2}{3} \cdot \frac{3}{4}$ $\frac{5}{6} \cdot \frac{3}{4}$

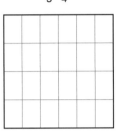 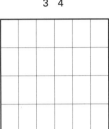 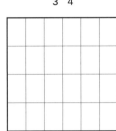 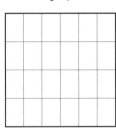

2.2

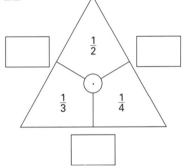 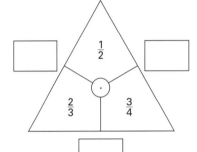 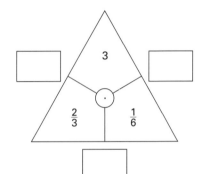

2.3

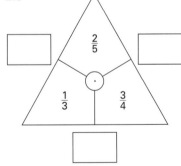 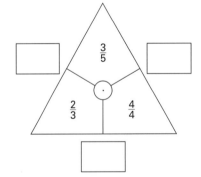 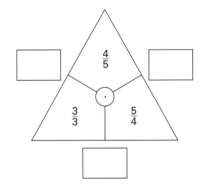

2.4

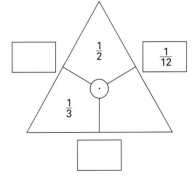 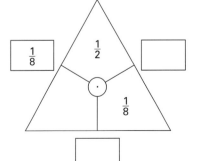 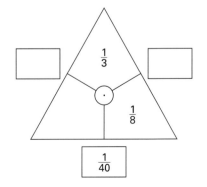

2.5

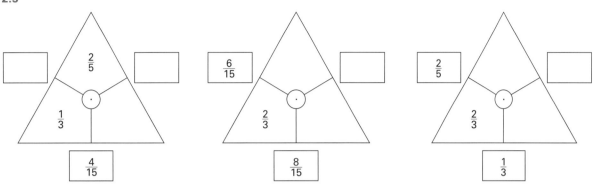

2.6

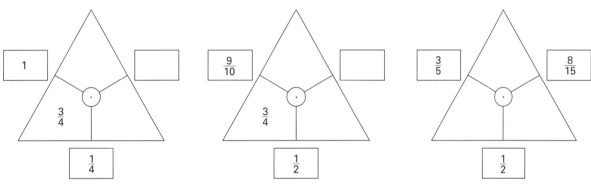

2.7 Berechne die Produkte. Setze die Tabelle fort. Wann kann man kürzen? Begründe.

A ·	$\frac{1}{11}$	$\frac{2}{11}$	$\frac{3}{11}$	$\frac{4}{11}$	$\frac{5}{11}$						
$\frac{1}{2}$	$\frac{1}{22}$	$\frac{2}{22} = \frac{1}{11}$									

B ·	$\frac{1}{9}$	$\frac{2}{9}$	$\frac{3}{9}$	$\frac{4}{9}$	$\frac{5}{9}$						
$\frac{1}{3}$											

C ·	$\frac{1}{14}$	$\frac{2}{14}$	$\frac{3}{14}$	$\frac{4}{14}$	$\frac{5}{14}$						
$\frac{2}{3}$											

2.8 Setze die Tabelle fort. Berechne die Produkte. Welche sind grösser als 1? Suche Gesetzmässigkeiten.

·	$\frac{2}{1}$	$\frac{3}{2}$	$\frac{4}{3}$	$\frac{5}{4}$	$\frac{6}{5}$				
$\frac{1}{2}$									
$\frac{2}{3}$									
$\frac{3}{4}$									
$\frac{4}{5}$									

3 **Bruchpuzzle**

3.1 Gelingt es dir, diese 13 Teile zu einem Quadrat zusammenzusetzen?

Bei einer Teilfläche ist angegeben, welchen Anteil sie an der Gesamtfläche hat.

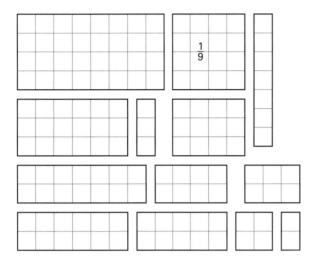

3.2 Gib zu jeder Teilfläche an, welchen Anteil sie an der Gesamtfläche hat.

1 Die Kelvinskala ist eigentlich nichts anderes als eine verschobene Celsiusskala. Damit lassen sich °C in K umrechnen und umgekehrt. Die Formel dafür lautet: T = c + 273

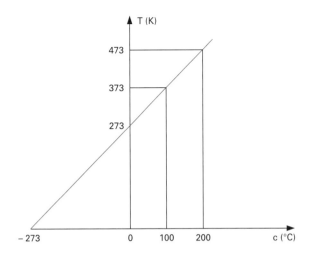

Für c ist die Anzahl Celsiusgrade einzusetzen; die Formel gibt dann dafür die Anzahl Kelvin.

Beispiel: 50 °C führt auf T = (50 + 273) K = 323 K

Umgekehrt: Was sind 240 K in Celsius?

240 K = (240 − 273) °C = − 33 °C

Stellt euch gegenseitig solche Umrechnungsaufgaben. Prüft mit der Grafik links, ob das Resultat etwa stimmen kann.

2 Lies aus der Grafik ab.

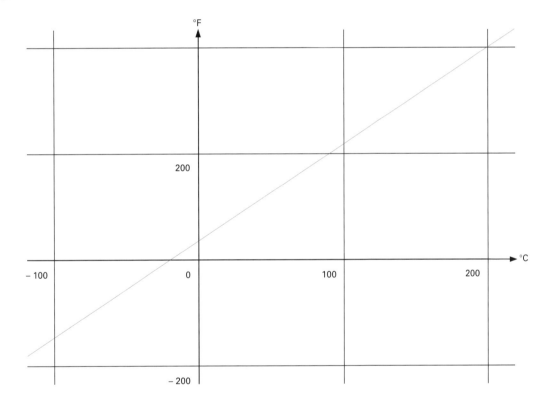

A 0 °F   ≈   °C

B 100 °F ≈   °C

C 150 °C ≈   °F

D Stellt euch gegenseitig weitere Ableseaufgaben.

3 Fülle aus. Was stellst du fest?

+	3	2	1	0	−1	−2	−3
3							
2							
1							
0							
−1							
−2							
−3							

4 Ordne die Zahlen der Grösse nach und trage sie auf der Zahlengeraden ein.

A (−7)   (−1)   5   2   (−4)   (−10)   9

0

B 15   (−17)   34   23   (−56)   (−65)   (−7)

0

5 Fülle die magischen Quadrate aus.

4		
11	7	
	5	10

8		
−3	2	
	9	−4

−1	6	1
	2	

	8	
		2
5	−10	2

6   Fülle aus. Was stellst du fest?

a	b	c	a + b	(a + b) + c	b + c	a + (b + c)
−10	12	8				
−10	12	2				
−10	12	−4				
−15	12	−4				
−15	6	−4				
	6		−14	−10		
	6				8	−10
		−2			8	−10
			−8		−8	−10
	2		10			0

7   Setze das passende Zeichen (=, >, <)

A (−2) + (−5) ☐ (−8)   B (−9) + (−1) ☐ 2 + 7

C (−8) + (−10) ☐ 0   D (−1) + (−5) ☐ 0 + (−6)

E (−17) + 3 ☐ 14   F 8 + (−3) ☐ (−5)

8   Wie gross ist x?

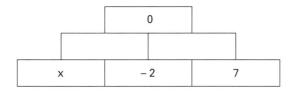

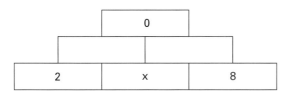

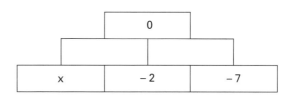

9 Finde Wege vom Start zum Ziel! Gezogen werden darf immer bloss

auf ein angrenzendes Feld, wenn die nebenstehenden Vorschriften erfüllt sind:

9	−16	Ziel 7	0	19
6	−13	−4	5	14
−17	−8	−15	−6	1
−12	−19	−10	1	−8
−7	Start −14	−21	−12	−3

nach oben − 5

nach links + 7 ⟷ nach rechts + 9

nach unten − 11

1 Das rechtwinklige Koordinatensystem

Um die Lage von Punkten in einer Ebene festzulegen, werden in der Ebene zwei Geraden gezeichnet, die sich rechtwinklig schneiden.

Die waagrechte Gerade heisst «x-Achse».

Die senkrechte Gerade heisst «y-Achse».

Der Schnittpunkt der beiden Achsen heisst «Nullpunkt».

Auf den Achsen ist eine regelmässige Skala eingezeichnet.

Damit kann man die Lage von jedem Punkt in der Ebene angeben.

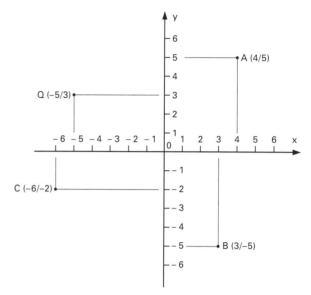

A Was bedeuten die Zahlen bei B(3/–5)?

B Was bedeuten die Zahlen bei Q(–5/3)?

C Wo ist der Punkt P(5/4)?

D Zeichne die Punkte U(1/6); V(6/–2); W(–2/–5); X(–6/2); Y(–2.5/5.5); Z(2.5/–1.5) in das Koordinatensystem ein.

2 Koordinaten lesen, Punkte darstellen

2.1 Diese Karte stellt sehr vereinfacht die Schweiz dar. Die Punkte in der Karte markieren die Städte Bern = B, Genf = G, Lugano = L, St. Gallen = S und Zürich = Z.

Bezeichne die Punkte in der Karte mit den entsprechenden Buchstaben.

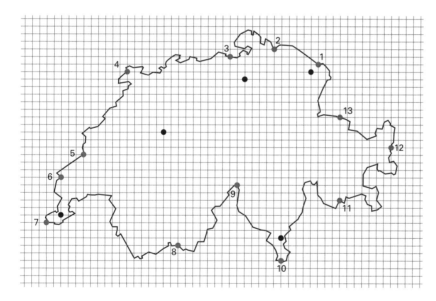

2.2 Die folgende Übung macht ihr zu zweit.

  A Wähle zuerst eine von den eingezeichneten Städten als Nullpunkt. Deine Partnerin, dein Partner wählt eine andere Stadt als Nullpunkt.

  B Zeichne die x-Achse und die y-Achse ein.

  C Lege die Koordinaten der andern Städte fest.

  D Lege die Koordinaten der 13 bezeichneten Grenzpunkte fest.

  E Vergleicht die Ergebnisse.

2.3 Diese Übung macht ihr zu zweit. Nehmt ein kariertes Papier.

    A Zeichnet x-Achse und y-Achse ein.

    B Diktiere der Partnerin, dem Partner die Koordinaten deiner Grenzpunkte.

    C Macht das Gleiche umgekehrt.

    D Vergleicht die Ergebnisse.

2.4 Klebe die Karte, die dir deine Mitschülerin, dein Mitschüler bei der Aufgabe 2.3 B diktiert hat, auf Karton und schneide die Schweiz entlang der Grenze aus.

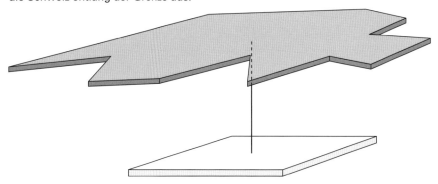

    A Bestimme mit einer Nadelspitze den Schwerpunkt der Schweiz. Im Schwerpunkt kannst du den Karton waagrecht im Gleichgewicht balancieren.

    B Lege den Nullpunkt durch diesen Schwerpunkt. Wie heissen nun die Koordinaten der eingezeichneten Städte?

    C Vergleiche mit den Koordinaten aus Aufgabe 2.2 C. Was fällt dir auf?

3   **Bewegte Figuren und ihre Koordinaten**

3.1   **A** Zeichne in ein Koordinatensystem das Viereck mit den Ecken A(4/4), B(−1/6), C(−4/−2), D(0/3).

    B Vertausche bei jedem Punkt die x-Werte mit den y-Werten. So erhältst du z. B. aus dem Punkt B(−1/6) den Punkt B′(6/−1). Und so weiter. Zeichne das Viereck mit den Ecken A′B′C′D′ ins gleiche Koordinatensystem.

    C Was stellst du fest? Warum ist das so? Untersuche diesen Zusammenhang an einer beliebigen andern Figur.

3.2   **A** Stelle das Rechteck mit den Ecken A(−3/−2.5), B(1.5/−1), C(0.5/2), D(−4/0.5) dar.

    B Addiere nun bei jedem Punkt zum x-Wert 1 und zum y-Wert 2. So entsteht z. B. aus dem Punkt C(0.5/2) der Punkt C′(1.5/4). Und so weiter. Zeichne im gleichen Koordinatensystem wie in der Aufgabe A die Figur A′B′C′D′.

    C Was stellst du fest? Warum ist das so? Untersuche diesen Zusammenhang an einer beliebigen andern Figur.

    D Was wäre herausgekommen, wenn du zu jedem x-Wert 1 addiert und von jedem y-Wert 2 subtrahiert hättest? Zeichne die neue Figur, ohne zu rechnen. Kontrolliere durch Rechnung nach.

4   **Figuren vergrössern, verformen**

    A Lege geeignete Punkte fest, sodass du diese Figur diktieren kannst.

    B Verdopple bei jedem Punkt den y-Wert und lass den x-Wert gleich. So wird aus A(6/2) neu A′(6/4).

    C Dein Partner, deine Partnerin verdoppelt den x-Wert und lässt den y-Wert gleich. So wird aus A(6/2) neu A′(12/2)

    D Diktiere nun deine neuen Punkte aus B der Partnerin, dem Partner.

    E Dein Nachbar diktiert dir die Punkte aus C.

    F Vergleicht die Figuren.

    G Versuche die Figuren noch anders zu verformen.

    H Was müsst ihr machen, wenn ihr die Figur nur vergrössern, aber nicht verzerren wollt?

    I Untersucht weitere solche Verformungen an selbst gewählten Figuren.

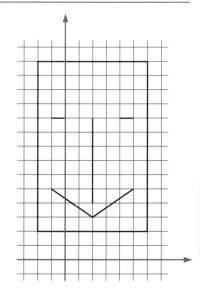

1   Domino

Bei uns in der Schweiz wird hauptsächlich mit dem Sechser-Domino gespielt. Hierbei kommen Augenzahlen von 0 bis 6 vor.
In Österreich wird auch etwa das Achter-Domino, in Kuba häufig das Neuner-Domino verwendet. In den USA hat man es sogar
mit einem Zwölfer-Domino versucht.

   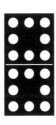 

1.1 Wie viele verschiedene Steine gibt es bei den verschiedenen Spielvarianten? Vervollständige die unten stehende Tabelle:
In der zweiten Kolonne schreibst du jeweils die Anzahl der Spielsteine auf, die neu hinzukommen:

Beispiel
Augenzahl 0:
1 Stein

Augenzahl 0 und 1:
Es kommen zwei neue
Steine hinzu; insgesamt
sind es jetzt drei.

In der vierten Kolonne notierst du die Summe der Augenzahlen aller Spielsteine.

Augenzahlen	Anzahl Spielsteine, die neu hinzukommen	Anzahl Spielsteine insgesamt	Summe der Augenzahlen
0	1	1	0
0 und 1	2	3	3
0, 1, 2			
0, 1, 2, 3			
0, 1, 2, 3, 4			
0 bis 5			
0 bis 6			
0 bis 7			
0 bis 8			
0 bis 9			
0 bis 12			

1.2 Ist die folgende Behauptung richtig?

«Beim Sechser-Domino kommt jede der Augenzahlen gleich oft vor.» Wie ist es bei den andern Spielvarianten?

1.3   A   Wir nehmen an, dass jeder Dominostein etwa 4 cm lang und 2 cm breit ist.

Ist es wohl möglich, alle Dominosteine des Sechser-Dominos in einer geraden Kette auf das Schulpult zu legen? Wie lang wird die Kette?

B   Wie lang würde die Kette beim Zwölfer-Domino?

C   Welches Dominospiel (welche maximale Augenzahl) müsste man theoretisch nehmen, damit die Kette länger als 100 m, 1 km wird?

2   Triomino

Wie viele verschiedene Triominosteine gibt es?

Verfahre wie bei Aufgabe 1.1 und vervollständige die nachfolgende Tabelle.

Aufpassen: Einige Spielsteine haben ein Spiegelbild.

Zähle in den Kolonnen 2 und 3 die Anzahl Spielsteine ohne Spiegelbilder, in den beiden letzten Kolonnen zählst du nur die Anzahl der Steine, die ein Spiegelbild besitzen.

Punktzahlen	Anzahl Spielsteine, die neu hinzukommen	Anzahl Spielsteine insgesamt	Anzahl Spielsteine, die ein Spiegelbild besitzen	Anzahl Spielsteine insgesamt, die ein Spiegelbild besitzen
0	1	1	0	0
0 und 1	3	4	0	0
0, 1, 2			1	1
0, 1, 2, 3				
0, 1, 2, 3, 4				
0 bis 5				

3 Dreieckszahlen, Viereckszahlen, Fünfeckszahlen ...

Griechische Mathematiker, die vor unserer Zeitrechnung lebten, haben Zahlen oft auch bildlich dargestellt.

3.1 Neben den geraden und den ungeraden Zahlen stellten die Griechen auch Dreiecks-, Vierecks-, Fünfeckszahlen usw. dar. Sie versuchten, diese zu beschreiben und zu berechnen.

> **Punkte, die in zwei gleich langen, geraden Linien dargestellt werden können, stellen gerade Zahlen dar:**
>
> **Punkte, die nicht in zwei gleich langen, geraden Linien dargestellt werden können, stellen ungerade Zahlen dar:**

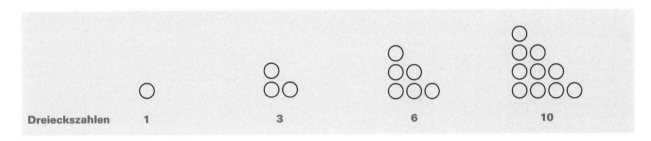

Dreieckszahlen   1   3   6   10

A Setze die Folge der Dreieckszahlen fort.

B Beschreibe den Zusammenhang zu den Zahlen, die bei den Domino- und den Triominosteinen aufgetreten sind.

C Wie lautet wohl die hundertste Dreieckszahl?

    Hinweis: Du kannst eine Dreieckszahl als «halbe Rechteckszahl» auffassen.

3.2

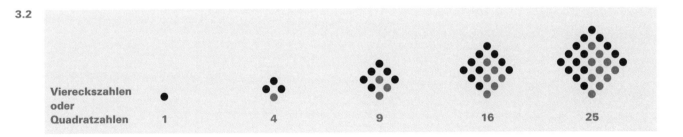

Viereckszahlen oder Quadratzahlen   1   4   9   16   25

A Setze die Folge der Viereckszahlen fort.

B Wie lautet die zehnte Zahl der Folge?

C Wie lautet die tausendste Zahl der Folge?

3.3

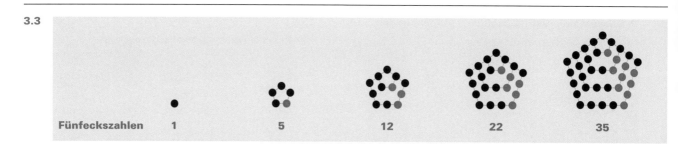

Fünfeckszahlen   1   5   12   22   35

Setze die Folge der Fünfeckszahlen fort.

4   **Carl Friedrich Gauss (1777–1855)**

Vom bedeutenden Mathematiker Carl Friedrich Gauss erzählt man sich die folgende Geschichte: Er sollte als Schüler in der Schule die Zahlen von 1 bis 100 zusammenzählen. Der Lehrer nahm an, dass er damit eine Weile beschäftigt sei. Schon nach kurzer Zeit fand er die Summe!

Wie hat er das wohl gemacht?

Berechne die Summen 1 + 2, 1 + 2 + 3, 1 + 2 + 3 + 4 … usw. Stelle die Ergebnisse in einer Tabelle zusammen und vergleiche sie mit denen der Aufgaben 1, 2 und 3.1.

Wie gross ist die Summe der Zahlen von 1 bis 100?

1 Daten aus der Karte

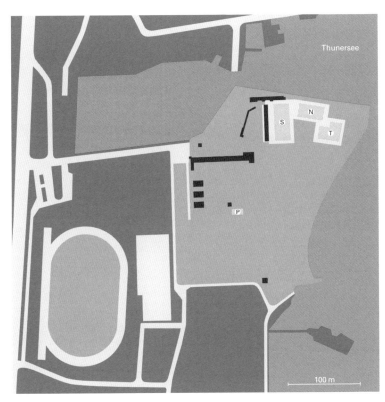

	Fläche	Inhalt
Planschbecken (P)	100 m²	20 m³
Schwimmerbecken (S)	1 050 m²	1 900 m³
Sprungbecken (T)	655 m²	1 600 m³
Nichtschwimmerbecken (N)	612 m²	430 m³

1.1 Miss das Strandbad aus.

A Bestimme den Kartenmassstab. Das Schwimmerbecken ist 50 m lang.

B Wie gross ungefähr ist die Gesamtfläche des Strandbades in Aren/in Hektaren?

C Hinter dem Strandbad liegt das Fussballstadion des FC Thun. Bestimme die Fläche ungefähr in Aren und in Hektaren.

D Vergleiche die Gesamtfläche des Strandbades mit derjenigen der Stadionfläche.

1.2 Zeichne das Sprungbecken im Massstab 1 : 1 000.

A Wie gross ist die Fläche auf dem Plan?

B Wie gross ist die Fläche in Wirklichkeit?

1.3 Gesamtfläche des Strandbades und Beckenfläche im Vergleich

A Berechne die gesamte Wasserfläche aller Becken zusammen.

B Gib den Anteil der Beckenfläche von der Gesamtfläche des Strandbades in Prozenten an.

1.4 Gesamtfläche und Beckenfläche auf der Karte

A Welche Fläche nehmen die Becken auf der Karte ein?

B Welchen Anteil an der Gesamtfläche des Strandbades macht die Beckenfläche in Prozenten aus?

C Vergleiche die beiden Prozentangaben aus den Aufgaben 1.3 B und 1.4 B. Begründe das Ergebnis.

2 Die Badenden

Die Badesaison dauert von Anfang Mai bis Mitte September. Es sind meistens 19 Wochen. An schönen Tagen besuchen bis zu 10 000 Gäste das Strandbad. Die durchschnittliche tägliche Besucherzahl liegt bei 3 000 Personen. Pro Woche werden durchschnittlich 10 bis 12 Container Abfall à 800 Liter Inhalt entsorgt.

2.1 Badegäste und Abfall

Berechne die fehlenden Angaben und trage sie in die Tabelle ein.

	Total Abfall in m³	Abfall in 110-Liter-Säcke verpackt	Anzahl Badegäste
pro Tag			
pro Woche			
pro Saison			

2.2 Wasserverbrauch

Eine Dusche im Bad dauert durchschnittlich 3 Minuten. Eine Kaltwasserdusche dauert durchschnittlich 10 s.
Pro Minute fliessen ca. 7 Liter Wasser.

A Schätze zuerst, wie vielmal etwa geduscht wird. Berechne nun, wie viel Frischwasser an Spitzentagen zum Duschen ungefähr verbraucht wird. Gib die Wassermenge in m³ an.

B Ein Spülkasten in einer Toilette enthält ca. 8 Liter Wasser. Schätze, wie viele Kubikmeter Frischwasser an Spitzentagen ungefähr für die Toilettenspülungen gebraucht werden.

C Wie viel Frischwasser wird durchschnittlich pro Saison für Duschen und WC-Spülung etwa gebraucht?

2.3 Wasserverlust

Jede Person, die aus dem Wasser steigt, trägt auf ihrem Körper, in den Haaren und in den Badekleidern Wasser aus dem Becken, das nicht mehr zurückgewonnen wird.
Behauptung: Im Durchschnitt macht das ca. 1 Liter Wasser aus.

A Könnte die Behauptung stimmen? Erkläre, wie diese Menge abgeschätzt werden könnte.

B Nimm an, jeder Besucher steigt durchschnittlich dreimal aus dem Wasser. Wie viele Kubikmeter Wasser gehen so im Strandbad Thun an Spitzentagen und an durchschnittlichen Tagen verloren?

3   **Die Becken**

3.1   Stelle die Daten der Becken übersichtlich zusammen.

	Fläche	durchschnittliche Tiefe	Volumen in m³	Volumen in Litern
Planschbecken	100 m²		20 m³	
Nichtschwimmerbecken	612 m²		430 m³	
Schwimmerbecken	1 050 m²		1 900 m³	
Sprungbecken	655 m²		1 600 m³	
alle Becken zusammen	Fläche total:	durchschnittliche Tiefe:	Wasservolumen total:	Liter total:

3.2   Vergleiche die Becken mit dem Thunersee.

Der Thunersee enthält ca. $6.5 \cdot 10^9$ m³ Wasser. Die Fläche ist knapp 50 km² gross.

A   Vergleiche das Gesamtvolumen der Becken mit dem Seevolumen. Wievielmal ist das Seevolumen grösser?

B   Vergleiche die Seefläche mit der Gesamtfläche der vier Becken.

C   In einem starken Gewitter fallen in einer Stunde ca. 2 cm Niederschlag. Welche Wassermenge fällt auf die Becken? Welche Wassermenge fällt auf den See? Wievielmal grösser ist die Wassermenge, die auf den See fällt?

3.3 Frischwasser

Anfang Saison werden alle Becken gefüllt. Das Planschbecken wird wöchentlich vollständig geleert, gereinigt und wieder gefüllt. Täglich werden zusätzlich ca. 5 % der Beckenvolumen durch Frischwasser ersetzt.

A Vervollständige die Tabelle.

	tägliche Erneuerung: 5 % Beckeninhalts	pro Saison: Wassermenge tägliche Erneuerung	pro Saison: Füllung der Becken	pro Saison: Total Frischwasser
Schwimmerbecken				
Nichtschwimmer-becken				
Sprungbecken				
Planschbecken				
Frischwasserbedarf für alle Becken				

B Vergleiche die benötigte Frischwassermenge für die Becken in einer Saison mit dem Volumen des Thunersees. Wievielmal grösser ist das Seevolumen?

1 Reisekosten

«Eine Reise um die Welt: Zürich – Oslo – Moskau – Bombay – Tokio – San Francisco – Miami – New York – Zürich»

Start	Zürich	Zone A	Abflug
Stopp	Oslo		3 Tage Aufenthalt
Stopp	Moskau		6 Tage Aufenthalt
Stopp	Bombay	Zone C	1 Woche
Stopp	Tokio		2 Wochen
Pazifiküberquerung	San Francisco	Zone E	1 Woche
Stopp	Miami		6 Tage
Stopp	New York		1 Woche
Atlantiküberquerung	Zürich	Zone A	Rückflug

Preistabelle in CHF (Preisreduktionen: Kinder in Begleitung Erwachsener: 33 %)

Ticket-Gültigkeit 1 Jahr	Reise durch 3 Zonen	Reise durch 4 Zonen	Reise durch 5 Zonen	Reise durch 6 Zonen
First	7 740.–	9 490.–	10 680.–	12 280.–
Business	5 220.–	6 260.–	7 200.–	8 280.–
Economy	3 060.–	3 670.–	4 220.–	4 860.–

(Stand 31.1.2001)

Schätze die Reisekosten des Beispiels oben ab. Die Kosten setzen sich aus dem Reiseticket und den Aufenthaltskosten zusammen. Berechne für jeden Aufenthaltstag 80 $ pro erwachsene Person und 40 $ pro Kind. Darin eingeschlossen sind Übernachtung, Essen, Reisen und der Besuch von Sehenswürdigkeiten. (Ein Dollar kostete Anfang 2001 CHF 1.65)

A Wie viel kostet diese Reise für eine erwachsene Person?

B Wie teuer ist diese Reise für eine vierköpfige Familie (zwei Erwachsene und zwei Kinder)?

C Wie gross wären die Gesamtkosten, wenn deine ganze Klasse diese Reise machen würde?

2 Geld wechseln

«Eine Reise um die Welt: Zürich – Oslo – Moskau – Bombay – Tokio – San Francisco – Miami – New York – Zürich»

Das Geld für die Aufenthalte muss in die entsprechende Währung gewechselt werden. Berechne jeweils die Geldbeträge für eine erwachsene Person mit 80 $ pro Tag. (Aktuelle Kurse findest du unter anderem im Internet.)

1 Euro kostet CHF 1.50 (Januar 2001), für 1 CHF gibt es 1:1.50 = 0.67 Euro.

Kurs vom 31.1.2001	Betrag in US-$	Betrag in CHF	Kurs (Januar 2001)	Betrag in der Landeswährung
Oslo 3 Tage Aufenthalt	3 Tage: 3 · 80 = 240 $	240 · 1.65 = 396.–	100 norwegische Kronen = 17.80 CHF	
Moskau 6 Tage Aufenthalt			100 russische Rubel = 5.80 CHF	
Bombay 1 Woche Aufenthalt			100 indische Rupien = 3.55 CHF	
Tokio 2 Wochen Aufenthalt			100 Yen = 1.42 CHF	
San Francisco 4 Tage Aufenthalt			1 US-$ = 1.65 CHF	
Miami 1 Woche Aufenthalt			1 US-$ = 1.65 CHF	
New York 6 Tage Aufenthalt			1 US-$ = 1.65 CHF	

3 Länge der Reise

«Eine Reise um die Welt: Zürich – Oslo – Moskau – Bombay – Tokio – San Francisco – Miami – New York – Zürich»

A Du kannst die Länge der Reise nicht genau berechnen. Je nach Wetter wählen die Piloten unterschiedliche Flugrouten. Schätze sie in Kilometern. Dazu kannst du die Distanzentabelle verwenden. Sie gibt durchschnittliche Werte an. In der Tabelle sind die Strecken in Meilen angegeben. 1 Meile entspricht etwa 1.86 km. Stelle die Berechnungen übersichtlich dar.

B Suche andere Weltreisen mit Start in Zürich, die mit den Städten aus der Tabelle möglich sind.

	Zürich	Oslo	Moskau	Johannesburg	Kinshasa	Cape Town	Bombay	Jakarta	Tokio	Sydney	Perth	Wellington	New York	San Francisco	Miami	Rio de Janeiro	Buenos Aires	Santiago Chile
Zone A Zürich	–	887	1 360	5 231	3 628	5 704	4 064	*	6 024	*	*	*	3 926	5 826	4 875	5 825	7 702	7 589
Oslo	887	–	1 017	6 048	4 568	6 755	4 867	*	*	*	*	*	3 679	5 189	4 771	6 503	7 662	8 166
Moskau	1 360	1 017	–	5 682	4 731	6 472	3 130	*	4 238	*	*	*	4 672	5 886	5 750	7 183	8 383	8 792
Zone B Johannesburg	5 231	6 048	5 682	–	1 725	790	4 328	*	*	7 189	5 165	*	7 983	10 556	8 461	4 870	5 042	5 752
Kinshasa	3 628	4 568	4 731	1 725	–	2 682	4 328	*	*	*	*	*	7 983	9 090	7 610	4 193	5 426	6 035
Cape Town	5 704	6 755	6 472	790	2 682	–	5 118	*	*	*	*	*	8 763	10 253	7 610	5 660	4 281	6 542
Zone C Bombay	4 064	4 867	3 130	4 328	4 328	5 118	–	2 894	4 214	6 302	4 863	7 735	7 790	*	*	*	*	*
Jakarta	*	*	*	*	*	*	2 894	–	3 611	3 408	1 875	4 806	*	*	*	*	*	*
Tokio	6 024	*	4 238	*	*	*	4 214	3 611	–	4 859	4 925	5 792	6 737	5 131	7 450	11 553	*	*
Zone D Sydney	*	*	*	7 189	*	*	6 302	3 408	4 859	–	2 024	1 398	9 968	7 436	9 850	7 773	*	*
Perth	*	*	*	5 165	*	*	4 863	1 875	4 925	2 024	–	3 268	11 662	9 460	11 798	*	*	*
Wellington	*	*	*	*	*	*	7 735	4 806	5 792	1 398	3 268	–	9 280	7 102	9 162	*	*	*
Zone E New York	3 926	3 679	4 672	7 983	7 983	8 763	7 790	*	6 737	9 968	11 662	9 280	–	2 572	1 092	4 816	5 302	5 123
San Francisco	5 826	5 189	5 886	10 556	9 090	10 253	*	*	5 131	7 436	9 460	7 102	2 572	–	2 582	6 711	6 470	5 923
Miami	4 875	4 771	5 750	8 461	7 610	7 610	*	*	7 450	9 850	11 798	9 162	1 092	2 582	–	4 179	4 417	4 138
Zone F Rio de Janeiro	5 825	6 503	7 183	4 870	4 193	5 660	*	*	11 553	7 773	*	*	4 816	6 711	4 179	–	1 232	1 825
Buenos Aires	7 702	7 662	8 383	5 042	5 426	4 281	*	*	*	*	*	*	5 302	6 470	4 417	1 232	–	710
Santiago Chile	7 589	8 166	8 792	5 752	6 035	6 542	*	*	*	*	*	*	5 123	5 923	4 138	1 825	710	–

Column zones: Zone A: Zürich, Oslo, Moskau · Zone B: Johannesburg, Kinshasa, Cape Town · Zone C: Bombay, Jakarta, Tokio · Zone D: Sydney, Perth, Wellington · Zone E: New York, San Francisco, Miami · Zone F: Rio de Janeiro, Buenos Aires, Santiago Chile

* Hier fehlen die Angaben.

Die Distanzangaben sind einem Computerprogramm für Reisebüros entnommen.

Die Distanzangaben sind in Meilen angegeben: 1 Meile entspricht etwa 1.86 km.

4   Zeitzonen

Wenn man abends um 20 Uhr von San Francisco in die Schweiz telefoniert, ist in der Schweiz bereits der nächste Tag angebrochen. Es ist 5 Uhr morgens.

Die gegen die Sonne gerichtete Erdkugelhälfte ist beleuchtet. Es ist dort Tag. Die andere Erdkugelhälfte hat Nacht. Die Erde dreht sich einmal in 24 Stunden um die eigene Achse. Darum ist jeder Ort auf der Erde durchschnittlich 12 Stunden pro Tag der Sonne zugekehrt (Tag) und durchschnittlich 12 Stunden von der Sonne weggedreht (Nacht).

Aus diesem Grund gibt es auf der Welt verschiedene Zeitzonen. Wenn wir in Europa Tag haben, haben die Menschen in Japan Nacht.

In New York ist 6 Stunden später Mittag als in der Schweiz.

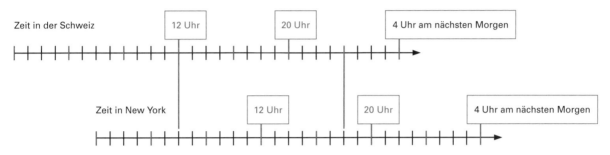

A Ergänze die Tabelle.

Zeit in New York	2 Uhr	6 Uhr	19 Uhr				
Zeit in der Schweiz				12 Uhr	19 Uhr	22 Uhr	2 Uhr

B Wann musst du in New York telefonieren, damit du um 19 Uhr Schweizer Zeit mit jemandem aus der Schweiz sprichst?

C Wann musst du in der Schweiz telefonieren, damit du eine Person in New York um 19 Uhr erreichst?

D Berechne die Zeitverschiebung Schweiz – Moskau. In Moskau ist 2 Stunden früher Mittag als in der Schweiz. Beschrifte die Skalen so, dass du die Zeitverschiebung ablesen kannst.

Zeit in der Schweiz

Zeit in Moskau

E Ergänze die Tabelle.

Zeit in Moskau	2 Uhr	6 Uhr	19 Uhr				
Zeit in der Schweiz				12 Uhr	19 Uhr	22 Uhr	2 Uhr

F Wann musst du in Moskau telefonieren, damit du um 19 Uhr Schweizer Zeit mit jemandem aus der Schweiz sprichst?

G Wann musst du in der Schweiz telefonieren, damit du eine Person in Moskau um 19 Uhr erreichst?

H Zeitverschiebung Schweiz – Tokio. In Tokio ist 8 Stunden früher Mittag als in der Schweiz.
Fülle aus:

Zeit in der Schweiz

Zeit in Tokio

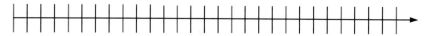

I Ergänze die Tabelle.

Zeit in Tokio	2 Uhr	6 Uhr	19 Uhr				
Zeit in der Schweiz				12 Uhr	19 Uhr	22 Uhr	2 Uhr

K Um welche Zeit musst du in Tokio telefonieren, damit du um 19 Uhr Schweizer Zeit mit jemandem aus der Schweiz sprichst?

L Wann musst du in der Schweiz telefonieren, damit du eine Person in Tokio um 19 Uhr erreichst?

Inhalt

Arithmetik und Algebra A

Geometrie G

Sachrechnen S

mathbu.ch
Arbeitsheft 7

Walter Affolter
Guido Beerli
Hanspeter Hurschler
Beat Jaggi
Werner Jundt
Rita Krummenacher
Annegret Nydegger
Beat Wälti
Gregor Wieland

Dank

Eine Manuskriptfassung des *mathbu.ch 7* wurde im Schuljahr 2000/2001 in etwa 25 Klassen in den Kantonen Aargau, Basel-Stadt, Bern, Freiburg, Luzern, St. Gallen und Solothurn erprobt. Autorinnen/Autoren und Verlage bedanken sich für die wertvollen Hinweise, welche Erprobung und Begutachtung erbracht haben. Die Erkenntnisse sind bei der Überarbeitung der Manuskriptfassung so weit wie möglich berücksichtigt worden.

Bildnachweis

Umschlag: Raphael Emmenegger von der Kunstturnerriege des STV in Liestal unter Leitung von Dieter Hofmann. S. 108: Sonia Delaunay: Costume de danse pour le cœur à gaz, © L & M Services B.V. Amsterdam 20020518.

Die Verlage haben sich bemüht, alle Inhaber von Nutzungsrechten zu eruieren, was leider nicht in allen Fällen gelungen ist. Sollten allfällige Nutzungsrechte geltend gemacht werden, so wird gebeten, mit den Verlagen Kontakt aufzunehmen.

Dieses Lehrwerk wurde mit dem Worlddidac Award 2006 für innovative und pädagogisch wertvolle Lehrmittel ausgezeichnet.

Projektleitung:
Peter Uhr, Schulverlag plus AG
Marcel Holliger, Klett und Balmer AG

Lektorat:
Stephanie Tremp, Zürich

Illustrationen:
Brigitte Gubler, Zürich

Fotografie:
Stephanie Tremp, Zürich

Gestaltung und Satz:
Bernet & Schönenberger, Zürich

Bildrechte, Redaktionsassistenz:
Julia Bethke, Klett und Balmer AG

Korrektorat:
Terminus Textkorrektur, A. Vonmoos, Luzern

Lithografie:
Humm dtp, Matzingen

CD-ROM

Projektleitung:
Hans Jensen, Schulverlag plus AG

Redaktion Lexikon:
Walter Affolter

Gestaltung und Programmierung:
Michael Wirth, the knowledge company, Riedholz
Reto Kuhn, MEDIAparx AG, Bern

Technischer Support:
www.mathbu.ch/faq oder feedback@mathbu.ch

3. Auflage 2006 (8. Nachdruck 2013)

© Schulverlag plus AG, Bern, und
Klett und Balmer AG, Zug, 2002
Alle Rechte vorbehalten. Nachdruck, Vervielfältigungen jeder Art oder Verbreitung
nur mit schriftlicher Genehmigung der Verlage.

ISBN 978-3-292-00406-2 (Schulverlag plus AG)
ISBN 978-3-264-83667-7 (Klett und Balmer AG)

FSC
www.fsc.org
MIX
Papier aus verantwortungsvollen Quellen
FSC® C008457